"创造性介入"三部曲之二

创造性介入

Creative Involvement

The Evolution of China's Global Role

中国之全球角色的生成

王逸舟 著

北京大学出版社
PEKING UNIVERSITY PRESS

图书在版编目(CIP)数据

创造性介入:中国之全球角色的生成/王逸舟著. —北京:北京大学出版社,2013.8

ISBN 978-7-301-22842-5

Ⅰ.①创… Ⅱ.①王… Ⅲ.①中外关系-研究 Ⅳ.①D822

中国版本图书馆 CIP 数据核字(2013)第 158077 号

书　　名:创造性介入——中国之全球角色的生成

著作责任者:王逸舟　著

责 任 编 辑:张盈盈

标 准 书 号:ISBN 978-7-301-22842-5/D·3377

出 版 发 行:北京大学出版社

地　　址:北京市海淀区成府路 205 号　100871

网　　址:http://www.pup.cn　新浪官方微博:@北京大学出版社

电 子 信 箱:ss@pup.pku.edu.cn

电　　话:邮购部 62752015　发行部 62750672

编辑部 62753121　出版部 62754962

印　刷　者:三河市北燕印装有限公司

经　销　者:新华书店

650 毫米×980 毫米　16 开本　13.25 印张　106 千字

2013 年 8 月第 1 版　2013 年 8 月第 1 次印刷

定　　价:29.00 元

目 录

第三篇　比较鉴别

引 言

"创造性介入"讲的不是政治哲学，而是某种方法论；它的重点不在价值观，而是提倡一种积极态度。本书延续了"创造性介入"的命题，用新的案例和故事充实它的内涵。作为系列作品的第二部，书里讨论了中国的全球角色，探寻这种角色形成的根源、阶段及走向。主要结论是，这一角色是初步的、不完整的，需要不断学习和改进；中国在全球高地上不仅需要硬实力，更需要智慧和创造力。

就研究方法和写作路径而言，第一，全书依然遵循"实践第一"的哲学，即从历史经验说起，重点放在现实问题上，通过案例分析寻找行进的目标及线索。第二，书里设置的三个部分，有不同的分主题（对外关系演进过程的讨论、中非关系最新案例的分析、欧洲全球角色的勾勒与比照），却服从于同样的思路，那就是：中国如何从当代国际体系的边缘位置朝核心角色迈进，如何发展自身介入世界事务的学说和实践，如何在迈进全球高地时借用"他山之石"。第三，此书仅是一个初步的工作，更多不是拿出解决问题的成熟方案，不是阐述严谨完备的理论逻辑，而是提出新的问题，发现实际困惑所在，提示改进的方向及线索。

我希望，通过阅读这本小书，读者能感受到“创造性介入”命题的弹性及应用价值。期待政府部门的人士对它产生兴致，期待学界同行有更多的争鸣及作品。中国是世界上人口最多的国家，也是文明历史悠久的民族，存在着难以估量的创新能力；单就学术而言，如果更多的人认真探讨中国新的全球角色，定会产生令我们的人民惠泽，也让国际社会受益的各种成果。

第一篇　历史坐标

从受压迫者到负责任大国

——中国国际角色的嬗变

一个世纪之前的中国，是近代国际体系中一个受压迫、受剥削的对象，是欧美列强竞相宰割瓜分的最大的落后国家。而在21世纪初叶，中国重新跻身世界主要大国行列，中国新领导人誓言做一个“负责任大国”，占全球人口五分之一的中华民族正释放出令国际社会惊异的伟大力量。

从“受压迫者”变成“负责任大国”，如此改变是如何发生的？为什么会出现这种变化？什么因素促成了这种改变？换个方式提问：我们从哪来？目前在哪里？下一步往哪去？

本篇将回溯近现代历史，看看毛泽东时代选择斗争的原因，分析邓小平年代造就“静悄悄革命”的进程，探讨现今领导人面临的国际挑战及其重大关口。通过这三个参照系，可以看出不同时期中国角色的变化，看到从量变到质变的过程。

一、前史：屈辱遭遇催生的革命态度

评说当代中国外交，不能不考虑近代以来的中外关系，不能不提到以一系列丧权辱国条约为特征的近代中国低下的国际地位。从 1919 年到 1949 年的这 30 年，是研究新中国对外关系的一个近距离参照系。①

1919 年以五四运动为标志，拉开了中国新民主主义革命的序幕。它高举的反帝国主义、反封建主义旗帜，对新文化启蒙运动的推动和各种国内外先进思想的强烈追求，使俄国十月革命的精神迅速传开，使半封建半殖民地状态的中国有了一种全新的变革状态，为中国共产党的诞生和随后的中国革命斗争奠定了基础。从那以后的 30 年，是中国人民在中国共产党领导下开展解放斗争的 30 年，是朝着结束百年来任人宰割的屈辱历史和连年战乱的局面、实现

1919 年五四运动中的学生群情激昂

① 认识新中国头 30 年的外交方位，不能不深刻了解它此前的中国革命性质和中国共产党人的目标。历史是传承的，影响是深刻的。这方面最好的作品，仍是毛泽东的名著《中国革命和中国共产党》。有深入研究兴趣的读者，不妨阅读一下这篇名作。见《毛泽东著作选读》上册，人民出版社 1986 年版，第 322—344 页。

国家独立的30年，也是在全球范围内打击帝国主义和殖民主义势力，壮大世界和平、民主和社会主义力量的30年。在国际范围，中国共产党领导的中国革命力量，在“以俄为师”的基础上摸索各种办法与路径，在主要从事国内武装革命的同时，争取广泛的国际支持和合作。革命根据地既是传播革命思想、积聚革命力量的播种机，又是向外部宣传中国人民解放斗争伟大意义的平台。[①]

在反法西斯斗争和抗日战争中，中国共产党人和中国军队与包括美国在内的西方资本主义国家建立了某些联系渠道，初步接触和理解了近代国际外交的各种知识与手段。如果说，在1840年以后很长一段时间，中国人尚未完全从旧时的朝贡体系和“天下”概念中摆脱出来，对于西方列强主导的近代国际体系仍然感到困惑不解和无从应对；那么，从1919年以后中国共产党人为核心展

---

① 除开美国记者埃德加·斯诺的那本著名的传记《西行漫记》外，另一个同样经历长征、同样被视为中国共产党人和中国人民伟大朋友的美国作者艾格尼·史沫特莱，也有一本广泛流传的作品《中国的战歌》（作家出版社在1986年出版了中文译本）。阅读《中国的战歌》，就不难知道长征一代的中国共产党人为什么期待世界的理解与支持，也不难懂得为什么他们只能做出革命和造反的抉择，更可以由此联想革命年代的氛围与风骨如何持续影响了老一代革命领袖在新中国建立后一段时间的外交思维与决策。

开的伟大革命思想和实践，则接受了新的世界进步理念，对中国半殖民地半封建状态下的落后愚昧有深刻批判，创造出富有战斗力和创造力的革命方式。这是有趣而富有动感的崭新画面：一方面是中国社会经济和政治制度上的实际的落后与被压迫状态，一方面是表现在中国革命者那里新的气质与精神状态在不断孕育和壮大。这也是中国与世界之关系一个破旧立新的过渡时期：中国整体上被视为一个积贫积弱的“东亚病夫”，中国的旧政权和各种旧势力腐败不堪，中国远远离开了昔日辉煌的世界中心位置，处于受支配、受压迫的边缘地位；以西方列强为主宰的国际体系，表现着恃强凌弱的霸权特征，对于维持中国弱小和被分割的状态心满意足①；虽然中国共产党人尚未掌握国家政权和外交工具，但他们代表的新兴力量日益强大和崛起，代表着中国广大地域和民众的要求，朝着夺取政权、实现革命的目标挺进。

新民主主义革命时期，是新中国对外关系的一段特殊“前史”。对后来的中华人民共和国对外关系来说，它的最大遗产之一，是使中国从积贫积弱、受西方列强支

---

① 有关近现代史上世界列强对中国的凌辱、盘剥，以及中国外交的软弱应对，可参见熊志勇、苏浩所著的《中国近现代外交史》（世界知识出版社 2005 年版）一书中的详细描述和分析。

配的“东亚病夫”，逐步变成了坚强不屈的反抗者和俄国革命的追随者。从客观形势上看，中国已沦为受帝国主义列强操控的半殖民地半封建社会，近代以前曾经有过的某些综合国力优势丧失殆尽，中国与西方主流世界的关系是严重不平等、不公正的关系，偌大的一个国家被视为“东亚病夫”，完全谈不上对人类和国际社会的积极贡献与拉动作用。与此同时，在这30年间，以中国共产党为代表的中国革命力量，认清了近代以来中国在国际体系里落后挨打的悲惨地位，同国内各种军阀势力和支持纵容它们的外部强权进行了顽强斗争。沉睡的东方巨人开始觉醒，中国自身的革命和解放，中国参与的国际反法西斯斗争，不仅对于国际形势的转变起到积极作用，中华民族也开始恢复自近代以来丧失已久的自信。它教育和启发以毛泽东为代表的中国共产党人：善于斗争，不畏列强，自力更生，是实现国家民族复兴的唯一正确道路。这是在经历了大半个世纪受盘剥、受压抑遭遇之后首次生成的新鲜感受，也是俄国革命导师给中国革命一代最重要的课程。

1949年开国大典

开国大典阅兵式

总体而言，这一时期中国革命和中国共产党人的追求目标，是高扬和激励曾经辉煌、近代低落的中华民族之士气，动员尽可能广泛的抗击欧美日列强的统一战线，用武装斗争（包括各种正规战和游击战方式）对抗外来压迫者、奴役者，争取实现摆脱殖民主义、帝国主义枷锁的目标，使中国重新成为独立自主的国家。在这个过程中，以毛泽东为代表的中国革命力量发展出了一整套有中国特色的革命理论、游击战思想和军事学说，成为世界范围弱小民族争取自身解放、摆脱西方殖民统治的斗争的重要组成部分。中国的革命时代及形成的观念，也给建国初期的中国内政和外交打下深刻印记。如俗话所说，压迫愈深，反抗愈烈。拒绝列强对他国的宰割，挑战西方主导的国际秩序，以斗争、战争和革命方式赢得承认和地位，是这一时期中国共产党人对外关系的主要经验。尽管从第二次世界大战期间的反法西斯战争过程看，延安的革命者与美国有过某些合作，但双方的动机与理念是不同的，毛泽东及其战友的拒绝和抗衡的精神气质不曾因此有大的变化。面对支配性的帝国主义、资本主义世界体系，中国革命者的哲学，是摧毁而不是修补，是切断而不是介入。

二、毛泽东时代：斗争精神的延续

研究中国与世界关系的另一参照系，是中华人民共和国建立后的头30年，也是所谓“毛泽东时代”。这30年基本是以革命战争年代的思路与做法，发展新中国的对外交往，定位中国在当代国际体系位置的“初级阶段”。

1949年的中国，在世界历史的画面中，是一个既强大又贫弱的国家，一个让社会主义阵营振奋、令西方资本主义国家惊恐的国家，一个让五分之一世界人口加入社会主义阵营从而实现国际政治重大结构变换，但经济上远低于世界人均水平，提供不出有任何吸引力的发展模式的东方国家。第二次世界大战结束后一段时期的特殊国际背景，以及中国抗日战争和解放战争的特殊国内实践，决定了中国共产党领导下的这个国家，在建国初期

1949年毛泽东出访苏联

立即实行面向苏联“一边倒”的对外方针①。新中国外交的最初阶段，即打上了这一模式的深深烙印。中国在国际体系中的位置，很快由战后一段时期表面上的与各战胜国的等距离外交，变成实质上与以苏联为首的社会主义阵营的同盟合作关系，不管是自觉的或者被迫的，这一位置适应了冷战开始后“不是东风压倒西风，就是西风压倒东风”的全球政治逻辑。②

应当指出，即便在冷战思维逐渐风行的时期，中国

---

① 这方面，可参见外交部档案专家徐京利的作品《另起炉灶——崛起巨人的外交方略》（世界知识出版社1998年版），尤其是第九章“打扫屋子的铁腕行动”，第272—313页。

② 国外研究毛泽东的一个著名学者，对这一时期的发展总的线索有一种比较客观的判断。他指出：“总的结果是一种曲折的发展，在此过程中，强调的重点是间歇性地一个时期强调阻碍落后国家工业化的各种困难，一个时期又强调所有新获得解放的各国人民，特别是中国人民所固有的非凡力量，这种力量可使他们能够按照自己的意志改造世界。”见〔美〕斯图尔特·施拉姆：《毛泽东》，红旗出版社1987年版，第241—242页。

外交仍有一段努力倡导和平共处五项原则、与一大批新独立的发展中国家结为同志或盟友的经历，它同时积累了中国外交制度化、按国际惯例办事、与国际社会对话与合作的初步经验。然而，从 1956 年苏共 20 大之后，由于内外各种原因，中共与苏共渐行渐远，最终分道扬镳，成为对峙的双方。随着这种大背景的转换，中国的外交也不得不做出某些调整、朝着更加“左”倾的方向演化，它也加强了美国主导的国际体系对中国的怀疑和排斥态度。到了“文化大革命”时期，国内政治的某些极“左”做法达到登峰造极的地步，影响和损害了中国外交在周恩来主持下的稳健温和方针。总体上逐渐偏向“左”倾的毛泽东时代，在最后阶段显现了某些调整动向，尤其是随着中国恢复在联合国的席位以及中美对话的开启，中国外交的钟摆再次回摆，提示了向国际体系中心趋近的势头。只是这种势头短暂且乏力，并没有像后来的邓小平引导的改革开放进程那样，引导中国建设性地融入国际体系。随着中国国内政治的失序，中国在国际社会的整体作用继续边缘化，中国与世界的关系没有根本改善。“无产阶级专政条件下继续革命”的指导思想，对于中国这一时期的外交产生了严重伤害。[①]

仔细观察，头30年中国对外政策，又可分作从采用偏“左”方针到极“左”路线逐步强化影响的不同阶段：

1. 1949—1956年：探索国际定位的建国初期

中华人民共和国的建立，是当代世界上最具有历史意义的一件大事。几乎所有国家都意识到，毛泽东时代的中国不再是旧时那种仰人鼻息甚至任人宰割的“东亚病夫”，而是一个有坚强意志和独立决心的东方社会主义国家；中国共产党作为惟一的执政党是通过艰苦卓绝的战争胜利和广大民众的支持，赢得了治理国家的权利与位置。整体上中国大陆的版图不再受西方及沙俄列强宰割，而是真正处于中国共产党、中国人民解放军和中国人民自己的手中，这是自1840年鸦片战争以来第一次实

---

① 在我看来，中国外交学界对于毛泽东时代中国外交导向及其实践的评价，是清醒、公允和有共识的。可参见下列著作：谢益显主编：《中国当代外交史（1949—2001）》，中国青年出版社1997年版；张历历：《当代中国外交简史》，上海人民出版社2008年版；叶自成：《新中国外交思想：从毛泽东到邓小平》，北京大学出版社2001年版；郝雨凡等编：《中国外交决策：开放与多元的社会因素分析》，社会科学文献出版社2007年版。

现的国家主权的回归、有力保障与维护。1949—1955年也见证了新中国历史上的第一次建交浪潮，在苏联的带领下，有遍及欧亚非广大区域的多达22个国家与社会主义新中国建立了正式的外交关系；尽管尚未得到主要发达资本主义国家的承认，也没有完全解决与多数邻国的边界划分纠纷，新生的红色政权第一次获得了世界范围的承认。① 新中国外交掌舵人周恩来最早设想的，并且与主要发展中大国印度共同倡导的“和平共处五项原则”，通过万隆会议和其他场合得到一定程度的响应与传播。

这一时期的中国距离国际体系的中心位置仍相当遥远，冷战开始后的全球对峙态势已折射到中国与西方主导的、以联合国为象征的国际社会的关系上：在当时的国际环境下，中国被排斥在联合国及多个重大国际组织之外，因而只能选择向苏联和社会主

1954年周恩来访问印度，与尼赫鲁总统会面，并提出“和平共处五项原则”

① 参见张历历：《当代中国外交简史》，第46—64页。

义阵营靠拢的方针，苏联模式不管是政治、经济、文化及意识形态各个方面在中国全面输入和扎根；毛泽东用“另起炉灶”、“打扫干净屋子再请客”和“一边倒”的形象说法，提示了这一时期中国在国际关系上的重大抉择。由于特殊的历史原因，二战后一度出现的国际缓和与合作气象中断，中国与世界的关系总体而言远离了“和谐”与“合作”的轨道。中国经贸关系是单一朝向的，基本上是自给自足为主，加上一定数量的苏联援助，海外利益在中国经济发展中所占的比重十分弱小，中国在世界经济中的比重同样微不足道。在百废待兴的前提下，中国人没有可能提供区域性和全球性公共产品，中国加入的国际组织数量十分有限（主要是参加了由苏联集团建立的一些国际机构，例如在工青妇及和平运动领域）。在这一时期，新中国与外部世界刚刚开始磨合，两个阵营的压力与影响逐渐呈现，探索定位的努力有了一定成绩，但冷战将临的客观形势，制约了中国总的内政和外交方位，决定了社会主义中国倒向苏联、与西方冷战对峙的大局。

2. 1956—1966 年：逐渐向“左”转的阶段

虽然东西方对峙及冷战的总体局面没有变化，社会主义国家内部在这一时期出现了深刻的裂痕。苏共20大的召开，赫鲁晓夫对斯大林的批判，以及随后发生的波匈事件，在社会主义阵营掀起巨大波澜。毛泽东及中国共产党先是惊愕不解，继而强烈抵制，最终选择与苏联分道扬镳。不论后人如何判断中苏分裂的原委与责任，包括毛泽东作为中国最高领导人的态度与决定，就中国与整个外部世界的关系判断，这场争论的直接后果之一是，中国的内政与外交开始向更加"左"倾的方向调整，国内掀起一波甚于一波的"革命运动"，给对外工作形成向"左"转的压力，中国人的世界观与全球战略更加注重两大阵营之间的"中间地带"。在这一时期的国人那里，除开原先来自西方帝国主义的威胁外，又增加了对苏联"老大哥"控制野心的担忧，维护国家主权的任务似乎变得更加繁重而不易。这一时期，中国与新独立的亚非拉国家的关系更显密切，在新建交的27个国家里有24个属于"穷兄弟"。中国与多半为非社会主义的邻国的关系却没有多少改进，邦交正常化及解决领土争端的事宜没有积极推进迹象，与印度的边界战争暴露出本应患难与共的两个发展中大国关系的脆弱。

和前一时期一样，中国与世界经济的联系仍然很少，外部迅速发展的国际贸易与投资及科技进步，对于这个人口大国似乎没有什么影响。建国初期一段时期来自苏联的援助突然中断，也对新中国本来薄弱的工业基础造成不小的打击。有意思的是，作为中苏决裂的一个始料未及的结果，中国在一些既不愿受西方资本主义支配，也不希望依附苏联阵营的国家和地区那里受到欢迎与拥戴，中国是第三世界的重要成员，第三世界是中国的天然盟友的思想得以萌芽，为下一时期毛泽东提出著名的“三个世界”论断奠定了基础。在有关国内政治的权威解说与教科书里，“文化大革命”前的十年通常被认为是有犯各种错误但同时富有改进和成长潜力的一段时间，只是后来这一进程被极“左”路线所中止。然而，在我看来，“文化大革命”前的10年与“文化大革命”本身的10年，存在着内在的逻辑联系，存在着由弱至强、从小变大的一条线索，即毛泽东在党的指导思想和大政方针上所强力推动的“不断革命”，始终是一个决定性的导

毛泽东在与卡翁达总统会见时，阐述了“三个世界”划分的思想

向。[①] 以周恩来为代表的外交温和思想与合作方针受到了一定压抑，它与国内经济社会建设领域的类似情况是一致的。在外部的强权打压与内部的“左”倾影响之双重作用下，中国对外关系朝着紧张方向演化。怀疑与抗争的态度逐渐占据主导地位。

3. 1966—1976 年：中外关系的严峻期

这一时期开始，中苏两个曾经的盟友剑拔弩张，由珍宝岛冲突点燃的火种几乎引发全面战争；与此同时，中国与以美国为首的西方世界的关系似乎仍然是一种相互敌对的态势。可以说，这时中国人面临和感受的是最严峻的安全压力，一种史无前例的两个超级大国同时封锁遏制的局面。在国内“文化大革命”的特殊政治背景下，极“左”路线达到极端状态，各方面的生产和建设陷于停顿，被迫服从服务于“无产阶级专政条件下继续

---

① 应当承认，对于“文化大革命”十年的中国外交，不管是指导思想还是行动策略或者是具体过程，中国外交学界的讨论是不够的，很多地方存在缺失与误判，有相当多模糊不清、似是而非的认识。这种情况的出现，与总体上中国学术界对于“文化大革命”历史检讨不够，存在许多政治敏感性和不方便深究的局面是联系在一起的。我也深信，随着时间的推移，后来的外交学者有理由更加平心静气、客观细致地研究和叙说这段历史。

革命”、铲除帝国主义和“社会帝国主义”祸根的总体要求。显然，外交工作不可能不受到消极影响：除开“三砸一烧”（砸印度、印尼、缅甸驻华使馆和火烧英国代办处）这类影响恶劣的行动外，世人见到了中国提出的“解放仍在受苦受难的三分之二地区”和实现“世界一片红”的口号，见到了在印尼等东南亚国家和非洲一些国家类似“输出革命”的做法，见到了不惜代价援助阿尔巴尼亚、越南等社会主义国家的“同志加兄弟”的特殊盟友关系，见到了全球各地反帝反殖力量对毛泽东思想和政策的此起彼伏的呼应（即便仍然处于相对弱势位置），见到了位于东方的、有别于传统的苏联社会主义阵营和苏式战略的另一个红色中心。

有关世界史的一般教科书，记录下的主要是上述情景，即中国与主流国际社会及主要阵营的全面对峙；然而，细细观察就不难发现，在看上去“全面出击、两个拳头打人”的造反派外表背后，实际上从20世纪70年代初开始，中国外交在毛泽东、周恩来的指导下，出现了静悄悄的调整，以适应美苏全球争霸，给予中国夹缝中求变及生存的机会的局面：“三个世界”的理论是对中间地带学说的重大发展，确定了在两个超级大国的第一世界、西方资本主义多数国家的第二世界，以及广大的亚非拉国家组成的第三世界的中国定位，即反对第一世界的霸权、争取第二世界的合作、支持第三世界的事业；利用美国人对苏联的恐惧，毛泽东邀请尼克松访华、开启中美对话及缓和的大门，从而使中国在安全压力大大缓解的同时，其全球战略位置变得有利和灵活；得到第三世界广大新独立国家支持的中国，恢复了在联合国等主要国家组织中的席位，从而为改善中国与国际社会的关系创造了条件，也为后来邓小平的开放改革政策在事实上提供了某些条件。虽然后面提到的这些变化并没有根本改变扭转极“左”年代的内政氛围，没有根本改变中外关系上的紧张对峙局面，而且不被当代外国史学家视为主线索而记录追踪，它们是分析一个完整复杂的画面所不可或缺的成分，是解读 20 世纪 70 年代中后期承前启后变化的钥匙之一。① 像前一时期一样，从中国国家主权（领土完整）的保障与维护程度衡量，呈现出来的是两面性：一方面毛泽东时代的中国成功地维护了自

---

① 叶自成教授对毛泽东外交思想及战略的分析，比较复杂也比较有辩证思想。他指出了毛泽东外交思想中维护国家民族利益的一面，同时看到毛泽东内心中对于以美国为首的西方世界霸权的深刻不满与挑战意志，以及毛泽东外交谋略里面包含的复杂矛盾关系。参见叶自成：《新中国外交思想：从毛泽东到邓小平》，北京大学出版社 2001 年版，第 128—138 页。

1971年，中国恢复在联合国的合法席位

身的主权与领土完整，另一方面面临了前所未有的压力（尤其是60年代后期）。中国恢复在联合国的常任理事国席位，以及中国与美国的相互交往，引发多国与中国建交的新一波高潮，其中包括了一批西方国家（1966—1977年有62个国家与中国建立正式外交关系）。孤立中国甚至消灭社会主义新中国的图谋彻底失败，中国在国际事务中表现出独立不羁的强大政治形象，毛泽东的革命思想得到广泛传播。

总体上观察，中国与周边邻国的关系是紧张不安的。中苏边界问题仍是导火索，中国受到朝鲜半岛的冷战形势制约，中国卷入了援越抗美战争，中国与南亚的关系十分冷淡，中国与东盟各国严重对立。它们折射出“文化大革命”时期中国与周边关系的特点。中国在世界经济中继续边缘化，如火如荼的全球科技进步浪潮对这个大国无关紧要，中国被很多国家视为一个有输出革命抱负和具体战略的红色威胁。“文化大革命”十年给毛泽东时代的中外关系以严重的消极影响。不管中国外交部门做了多少艰辛的挽回努力，中国在国际舞台上的好斗形象逐渐被定格、固化和传开，中国与周边国家乃至整个外部社会的关系上“斗”多于“和”。

总的说来，新中国建立后的头30年，是既有成就也有失败的一段时期。在这段时期，毛泽东作为开国领袖和具有崇高威望的政治人物，创造了拥有人类五分之一人口的红色政权，粉碎了西方列强支配中国、用资本主义制度一统天下的梦想，为中国走向社会主义时代打下了基础。独立自主的新中国屹立于世界的东方，给几百年由资本主义发达国家主宰的当代国际体系以强烈震撼。总体上观察，新中国第一代掌权者基本上延续了革命战争年代的精神与做法，尚未完全适应和平发展年代特别是科技进步及民生方面的要求。在对外关系领域，延续革命的传统与适合国际外交惯例两种线索之间的关系，构成这一时期中国外交微妙复杂的双重变奏，只不过前者在大多数时候都取得压倒性优势。在毛泽东时代，“社会主义”的目标是不断培养人们的革命理想，推进针对帝国主义（尤其是美国）和社会帝国主义（“变修后”苏联的代名词）的世界革命，将延安红旗插遍亚非拉。不论这30年有哪些亮点和微调，偏“左”是显而易见的。中国同外部交往不多，获益甚少。中美之间为抗衡苏联威胁所建立的准盟友关系，在双方决策者看来都不过是一种权宜之计。中国与外部世界的关系，是一种斗争大于合作、猜忌压倒协调、对峙多于对话的关系，是“造反者”对抗“权势者”的态势。中国像是一个不断抗争的、孤独的革命巨人，站在国际体系圈子之外。

三、邓小平时代：改革开放和国际合作

改革开放以来的30多年，是中国与外部世界关系的第三大参照系。从各方面考虑，把这一时期称为“邓小平时代”是合适的。

与头一个30年相比，邓小平时代是一个以经济建设为中心的时期，所有领域、所有工作完全转向服务于发展、有利于民生、着眼于综合国力提升的轨道，一切不适合这一重心的体制和观念都在进行这样那样的改革，对外开放，尤其对西方发达经济体的开放与借鉴成为经济发展的题中之意。这些转变与调整，使得前一时期具有的革命意识形态的色彩逐渐削弱。中国外交工作很快适应了新的主题与要求，努力营造新的方针与氛围，为国内变化“保驾护航”、创造条件。邓小平对于时代主题的判断，是一个具有转折性意味的重大判断：世界大战有可能避免，中国应当抓住时机发展自己；它与此前立

足于世界革命、防备外来入侵、准备打仗甚至打核战的认识有根本差异，也正是这一点慢慢培育出中国人埋头建设的信心与智慧，鼓励了与不同社会制度、意识形态国家交往合作的勇气和办法。

比较而言，中国这艘大船在毛泽东时代的主航标，是与形形色色的各种内外反动势力抗争，确保国家的政治独立不受干涉，实现“中国人民站立起来”的任务，一扫百年之辱；而邓小平时代的基本航向，则是努力使中国人民得到温饱、富裕起来，用改革开放的手段，推进了市场经济在中国的建立，激发了劳动者的各种欲望。这中间当然存在无数曲折，出现了各种问题和麻烦，不过从邓小平执政的时期到江泽民接替的时期再到胡锦涛一代领导集体，30 年间由中共十一届三中全会奠定的航向始终没变，经济目标的优先性得到高度保障，中国的综合国力和人民生活水平由此不断进步。这一大的背景，决定了中国外交的方向，决定了中国与世界关系的改善。这 30 多年，世界感受到一个充满活力与面目的新兴大国，感受到中国人了解世界的美好愿望。那些对中国抱有成见与敌意的国家，越来越无法压制中国的声音，无法把中国排斥在各种全球或地区问题的解决方案之外。在世界范围，这段时期恰好是经济全球化、区域经济集团化和一体化迅猛发展的阶段，中国在与国际经济紧密联系、相互协作的过程中，逐步成为发展中世界最大的新兴市场，成为全球经济的重要拉动力量，成为初具全球意识和影响力的大国。

同样，邓小平时代不是一蹴而就的，而是一个包含曲折经历的过程：

1. 邓小平时代：改革开放进程的启动

以中共十一届三中全会为标志，在改革开放总设计师邓小平的领导下，中国从20世纪70年代后期进入了全新的发展阶段。它既是中国国内政治经济社会发展的全新阶段，也是中国与世界各方面关系突飞猛进的全新阶段。在新中国历史上，邓小平是第一位提出有别于毛泽东的国际战略思想的政治领袖，对于新的航向具有无法估量的重要意义。例如，在70年代末至90年代初，对于中国与国际社会关系的定位，他作出了两个重大贡献：首先，为了启动改

加速实现四个现代化

革开放航程，提出了世界大战有可能避免、和平与发展正在成为当今世界的主题、中国应抓住时机搞“四个现代化”和实行改革开放政策的判断。由此中国内政外交出现了一系列新举措、新方针、新布局，如：依据现实的变化，同时与美国和苏联改善关系（中美建交、中苏开始关系正常化谈判）；正式宣布了不结盟、独立自主的和平外交政策；外交工作服务于国内经济建设的中心任务，大力招商引资、鼓励年轻人出国留学、发展与包括西方发达资本主义国家在内的国际社会的经贸关系；提出“不管白猫黑猫，捉到老鼠就是好猫”的理论，强调社会主义绝不等于贫穷落后，鼓励尝试商品经济和市场机制，建立经济特区和实行土地承包责任制及用“一国两制”谈判解决香港澳门问题，大力消除各方面对于发展中国与西方关系的种种疑虑。正是这一切使得中国社会经济恢复了生机与活力，培育出全球最大的新兴市场，改变了中国经济成长乏力、与世界经济主流格格不入的局面。从这个时期

1992 年邓小平南巡

开始，中国经济与世界经济的依存度大幅增加，外部因素对于中国发展的贡献度迅速上升，中国人对于全球经济也有了不同于以往的能动作用。

其次，在“北京政治风波”之后的特殊困难时期（1989—1992年），面对苏联解体、东欧剧变、西方极力制裁和改变中国的不利国际氛围，也面对国内种种困难和混乱乃至非议的巨大压力，邓小平做出了对外要“冷静观察，沉着应对，韬光养晦，有所作为”，对内要坚持改革开放不动摇、经济建设仍为全局重心的战略决断。这一时期他有关国际形势的各种重大判断，有关在艰难时境下维护中国的主权安全、发展机遇的一系列方针，如对苏联解体原因的分析、反对美国霸权及西方制裁的办法、国际时局的长期走向、发展中国家可能面临的新挑战、中国即便将来强大了也不当头不称霸、中国不搞阴谋只有“阳谋”等精辟论述，不只在当时引导着中国渡过难关、转危为安，至今仍有指导意义。邓小平执政时留下的精神财富，是当代中国外交史上继毛泽东国际战略思想之后的另一伟业。在邓小平时代，总体上观察，中外关系的发展有着新的量的扩展与质的提升。正是在这一时期，中国国家主权（领土完整）的保障与维护程度，与中国建交国家的数量及分布，与邻国和周边地区的和谐关系，国民生产总值里海外利益的提高，中国在世界经济中的位置与作用，以及中国人对于全球安全和政治的看法及影响力，都有不同于改革开放之前的气象。如果说毛泽东是当代中国最伟大的革命家，那么邓小平则是当代中国最了不起的建筑师；一个创立了新中国并给头30年打上“社会主义革命”的深刻烙印，一个启动了改革开放的航程并给后30多年以“社会主义建设”的历史标记。邓小平时期，是整个中国改革开放和现代化进程的奠基期，经受住了冷战终结和苏联解体的巨大冲击。观察国际画面，中国也由过去的“造反者”角色，逐渐转向“建设者”的位置。

2. 20世纪90年代：曲折行进的过渡

在邓小平之后，以江泽民为首的领导集体继承了改革开放的大业，率领中国度过了一段艰难的日子，形势向着渐好的方向发展。大体上，这段时期从20世纪最后10年直到新世纪初。整个20世纪90年代是全球范围冷战结束后的适应与调整期，亦是中国从1989年后受西方制裁和压力的阴影中走出、恢复改革开放势头、进入经济全球化大潮的时期。

从中国与外部世界的关系看，在实践层面，沿着邓小平开辟的航向，中国政治领导层和外交部门逐步化解了美国及西方的制裁和围堵压力，使中美交往中的人权问题与贸易问题脱钩，缔结《中俄睦邻友好合作条约》并建立了上海合作组织，大力拓展了与东盟国家的友好互利关系，平稳实现香港和澳门回归祖国，在经过多年谈判之后成功加入世界贸易组织，妥善处理台海危机、北约飞机炸馆事件、美国间谍飞机入侵等重大危机；在战略思想层面，以江泽民为核心的决策层不仅在国内发展上创立了“三个代表”学说（预示中国共产党自身的深刻转变），而且在对外关系上全面论述了中国和平发展的可能性，提出“重大战略机遇期”的判断，对周边国家（主要是韩国和东盟地区）宣示了“平等协作，互利共赢”的新安全观，并且对国际社会阐述了不同社会制度、文化和价值观的多样性的方针，丰富了邓小平的外交理论和实践。

香港回归交接仪式

资料来源：http://www.wfnews.com.cn/subject/node_14165_2.htm。

在这段时期，中外关系的各个重大指标都有相当的提升和加强。例如：国家主权与领土完整得到新的保

1998 年 5 月 7 日，北约向中国驻南联盟大使馆投掷 5 枚炸弹，图为旅南华人为牺牲同胞献上的花圈

资料来源：http://big5. china. cn/news/60years/2009 - 08/28/content_18422685_3. htm。

障（以香港、澳门回归为突出象征）；与中国建交的国家有新的突破（在保持朝鲜的传统友谊的前提下实现与韩国的建交是一个典型）；同周边国家的和谐程度得到加强（特别是在解决边界问题达成共识的基础上建立了与俄罗斯的战略协作关系）；提出一系列重大外交方针和国际战略思想（新安全观、新发展观、新文明观，以及战略机遇期概念）；中国国家利益中海外利益的比重不断上升，中国在世界经济中的作用不断提高，中国成为经济全球化的主要受益者和推动者（加入 WTO 是一个里程碑）；中国在区域政治与安全系统里的影响力得到增强，中俄主导建立的上海合作组织及中国对阿富汗的经援便是典型事例。

尽管这一时期也有各种不足与遗憾，如台湾问题作为中国面临的一大挑战的逐渐升级，中日关系相对中美关系、中俄关系和中欧关系而言进展缓慢，中国与非洲传统友好关系面临新的难题等，但是这一时期也奠定了成长的基石，中国的国际地位在提高，与外部世界的关系有突破，实现了又一段跨越式成长。对比这 13 年的开始与结束，不难见证巨大的进展：苏联解体、东欧剧变及“北京政治风波”后，国内一度风雨飘摇、形势恶劣，国际上多不看好中国的前景，认为它将步苏联解体的后尘；而当进入新世纪时，中国俨然已是当代国际格局里最有希望和实力的一个新兴大国。

3. 新世纪头 10 年：快速和平崛起

新世纪的第一个 10 年，通常以中共十六大召开为起始点，是继邓小平、江泽民之后，以胡锦涛为总书记的新一届领导集体推进改革开放大业的阶段，也是中国的全球影响力与对外关系持续发展的新阶段；站在全球角度观察，这一时期同时是中国迅速成长为全球性大国以及国际力量格局发生深刻变革的时期，是国际社会给予中国的期待与压力

时任王光亚大使向联合国法律部官员递交中国加入《联合国人员和有关人员安全公约》的文书

资料来源：http://www.fmprc.gov.cn/ce/ceun/chn/zgylhg/flyty/tysw/t160364.htm。

急剧上升、中国快速增长的海外利益同原有国际秩序经历磨合的新时期。

在国内背景下，这一代领导集体制订并提出了“以人为本”、推进“和谐社会”和“科学发展观”等战略目标，丰富了邓小平理论。在外交工作中，与内政的要求相适应，制订了一系列具有重大意义的举措——例如，提出了“以人为本、外交为民”的方针，外交领事保护制度出现了改革，以适应中国公民和企业走出国门、走向世界的新形势；胡锦涛提出了建设持久和平、共同繁荣的“和谐世界”的口号，外交部门在具体推动建设和谐的周边关系、有协调的大国战略对话与伙伴关系、实施与发展中世界的新型互利共赢的开放战略，以及参与国际多边机制并发挥作用方面，实施了有创意、有成效的行动；“坚持走和平发展道路”和“统筹两个大局”的指导方针，使得中国的对内对外工作有了新的气象。在这一时期，中国外交制度有一些新的建设，例如推动新一轮外交礼宾改革，更加务实和节约；外交部增加了直接为百姓服务的诸多安排，像设立外交公众活动日，成立公众外交处，逐步开放外交历史，与网民对话，设置应对紧急突发事件的机制，加入《联合国人员和有关人员安全公约》等。

2006 年，中非合作论坛北京峰会在人民大会堂召开

资料来源：http://www.gmw.cn/01gmrb/2006-11/05/content_503070.htm。

这一时期，中国在对外关系上出现了积极的进步。尤其中国的多边外交有所创新，如召开了多次大规模、有影响的中非峰会，建立与美国、俄罗斯、日本、欧盟以及各个地区强国的战略协作与对话框架等。在这一时期，中国外交在注重维护中国自身的发展利益和主权安全的基础上，加大了对国际义务与责任的投入，中国人担当了更多的国际组织的高官、参与了多个国际规则的制订，涉及世界卫生组织、国际金融机构、联合国维和行动、世界贸易组织的上诉法庭、海牙国际法院等领域和机制；中国在全球环境与气候变化、全球贸易新一轮谈判、全球金融改革与危机应对、全球防扩散与反恐怖、联合国安理会及联大改革中的作用，得到更大认可。中国与世界的关系，在新世纪之初也达到历史新高：与170多个国家建立了正式外交关系，与200多个国家及地区建立了经贸联系；中国成了对世界经济有显著拉动作用的金砖四国“领头羊”。在这一时期，中国国家权益的保障程度、与周边国家的合作关系、重大外交方略的出台次数、中国对于全球经济发展的带动力和对于国际安全的保障力等，都超越了过去任何时期。最高领导层提出的“统筹国内国际两个大局”的口号，使得中国各级政府更加重视外部世界的存在及影响。

2007年，胡锦涛主席与普京总统等观摩上海合作组织军演

资料来源：http://news.xinhuanet.com/photo/2007-08/18/content_6555467.htm。

然而，当中国人站到全球新的高地上，既看到更多更美的风景，享受着前所未有的机遇，同时感受到“高处不胜寒”、“树未大先招风”的特殊压力与孤寂：中国经济的成长及强劲的对外需求，被很多国家和声音视为新的“中国威胁论”或“新殖民主义”的根源；中国与一些与西方有矛盾的国家的经贸交往，被解读为“培植势力范围”和对抗现有国际制度；北京举办奥运会的成功，强化了外界对中国的发展中国家性质的质疑；越来越多的国家，包括曾经是中国传统盟友的第三世界国家，以及越来越多的国际组织，对中国提出越来越多的压力和要求，其中很多超出中国公众的心理承受能力。中国外交提供的战略外援和国际公共产品，相对于其他世界大国，尤其是老牌西方国家，仍有不小的差距①；中国的国际影响力与中国公众的期待仍有距离，与中国的经济成长速度和规模不太对称，与中国作为一个文明古国和独特政治大国的身份也不一致。中国在新起点上与外部世界的磨合，充满挑战性和不确定性。

四、新一代领导：世界大国气象与考验

21世纪第二个十年之际，中国已站在了新的起点，

① 在当今的国际社会，北欧地区各国（瑞典、挪威、芬兰、丹麦等），被认为是提供的国际公共援助在其GDP中所占比重最高的国家群体。大体上，这些国家的国民和政府把0.7%左右的GDP捐献给了国际和平过程，特别是联合国维和行动和各种地区热点冲突的调解行动，如有关中东和平的“奥斯陆进程”、有关斯里兰卡内战的调停过程、有关柬埔寨政治和解及联合国的介入过程、有关印尼政府与分裂省份亚齐相关政治势力的对话进程，等等。作为案例之一，下列作品可以供有兴趣的读者参阅（它属于挪威政府发布的白皮书之一）：Lelv Lunde and Henrlk Thune, ed., *National Interest-Foreign Policy for a Globalised World, The Case of Norway*, Oslo, CappelenDamm, 2008.

有了全新的目标和关口。

1. 新的里程与标识

现在的新一代领导大体沿袭了邓小平时代的思路，但他们面对的国际国内的新情况和新问题又有不同于以往的特点。从各方面考虑，我认为，中国对外关系新起点的标志，从2008年以来的这五年算起，是比较恰当的。这五年，中国的综合国力达到了新的高度与水平，并有若干质的飞跃与突破。单从对外交和国际关系的影响来看，如下一些事件或许可作为这一时期的标记：

2008年在北京举办的奥林匹克运动会，是第一个容易辨识的里程碑。正如20世纪60年代中期的东京奥运会，标志着日本从战后废墟中恢复，成为当时世界经济充满活力的第二大经济体一样，北京奥运会以其惊艳而独特的中国风格，包括实力非凡的中国奥运军团的出色表现，有力地向国际社会显示：中国是一个正在重振雄风的伟大国家，一个实力快速提

中国健儿笑傲2008年北京奥运会

资料来源：http://www.haolook.com/read.php?294。

高且充满进取精神的新兴大国，一个经过几十年深厚积累，特别是改革开放时代积淀迸发出来的强大力量。对于中国国内而言，北京奥运的成功举办，也有不一般的意义：它证明，其他大国能够做到的事，中国也可以做到，而且会做得“更高、更快、更强”。从实际生活中也不难观察到，正是北京奥运会以来的这几年，中国民众的“精气神”与以往大不相同，总体的民族意识和民族主义情绪达到前所未有的高度。

无独有偶。在北京奥运会之后一个月，中国航天员首次成功完成了太空漫步。2008 年 9 月 25 日，载有三位中国航天员的“神舟七号”飞船在酒泉卫星发射中心成功发射升空。27 日，航天员翟志刚进行了中国人的首次太空漫步，并在太空中展示五星红旗。28 日，“神七”返回舱成功在中国内蒙古着陆，三位航天员自主出舱，神舟七号载人航天飞行任务获得圆满成功。此举标志着中国载人航天技术达到新的水平，成为继美国、俄罗斯之

中国航天员首次进行太空漫步

资料来源：Zhttp://www. legaldaily. com. cn/gallery/content/2008-09/28/content_954008. htm。

后世界上第三个完全独立实现太空行走的国家。载人航天是当今高科技中最具有挑战性的领域之一，体现出一个国家的综合国力。最近这些年，中国的北斗卫星导航系统也取得了大的进展，目前在轨的有16颗卫星，覆盖了东亚地区和澳大利亚，预期到2020年，它将覆盖全球，成为美国GPS系统的重大挑战者。中国在太空领域的进展还包括了解放军的反卫星作战能力，它有可能击落敌方的在轨卫星。2012年，太空中的首次载人交会对接，“天宫一号”太空实验室加紧建设，也是近一时期中国人在太空领域的突出进步。它们引起国内外广泛报道和关注，成为中国崛起的新标志之一。

众所周知，航天技术是高科技与发达军工结合的产物。中国人的太空漫步，也是中国国防和军事现代化达到新的更高阶段的结果与象征。从国际范围观察，一些权威的国外研究机构和大国军事专家普遍认定，中国军费开支在经过十几年的快速增长（始于1997年，从那之后中国军费开支保持了每年两位数的增长）之后，在2008年超过美国之外的所有大国，成为全球第二大军事预算国。尽管中国官方（例如2009年1月发布的国防白皮书）对此没有公开表态，国际上颇有影响的、被认为相对客观的专题报告——瑞典斯德哥尔摩国际和平研究所（SIPRI）2008年年度报告指出：这一年中国军费开支为849亿美元，首次跃居全球第二位（第一位的美国为6070亿美元，法国、英国、俄罗斯、德国、日本、意大利分列第三至第八位）；2009年为1000亿美元左右（美国为6000亿美元左右）。最近几年这一势头还在延续。据最新出版的SIPRI报告（2012年），2012年全球武器方面的开支消费达到1.7万亿美元；美国仍然是世界上最大的军费大国（7110亿美元），中国以1430亿美元位居其后；俄罗斯快速增长，其军费开支达720亿美元，超越了英国（627亿美元）和法国（625亿美元），成为继美中之后的第三大军费大国。[①] 综合判断各种因素，中国军费开支居世界第二的位置大概相当稳固。

实际上，2007—2008年以来，有三个因素推动了中国军费显著增长：一是军人的工资和福利大幅提高，例如2007年的加薪，被普遍认为是我军历史上幅度最大的一次。二是我军承担的非战争军事职能大幅增多，中国军人近年参加的抗洪、抗震、抢险、反恐、维和、撤侨等行动次数之多、范围之广，都是史无前例的。三是中国军队的高科技装备及试验明显增多，除上面提到的航

---

① 参见《环球时报》2010年6月3日第3版和2012年4月17日环球网记者郭文静的报道。

天工程之外，典型事例还有第一艘中国航母“辽宁号”的下水服役，深海潜水装置“蛟龙号”到达7200米的大洋洋底，2009年国庆大典上展示的一系列新型导弹等等。它们从不同侧面折射出中国军力的显著增强，特别是远投军事能力的提升。

当然，最能表现中国综合实力提高、引起各方面高度重视的一个指标，是近年来中国经济发展迅猛，国内生产总值（GDP）达到世界第二位。据报道，2010年日本名义国内生产总值（GDP）为5.4742万亿美元，中国则为5.8786万亿美元，这意味着中国的经济总量首次超过日本，成为仅次于美国的第二大经济体。而2010年的日本，则自1968年以来首次让出“第二经济大国”的位置。① 在很多人看来，中日在全球经济总量排行榜上位置的次序更迭，意味着近代以来日本强傲、中国受辱之历史的终结，是中国复兴的开端标志之一。它作为东亚权势转移的一个象征，在中国和日本两国国民、媒体及政治人物那里引起截然不同的反响，一定程度上激发了日本与中国的较量和矛盾。

加入世界贸易组织的这些年，中国GDP的增长是全

① 《2010年GDP首次被中国赶超》，日本共同社2011年2月14日报道。

球大国中最快的一个，从十年前排位第六跃升至目前的第二。其实，还有许多其他指标有类似的指向与含义，尽管它们不像GDP那样引人注目。比如，在最近两三年间，中国超越美国，成为世界第一能源生产大国和第一石油进口大国；而据国外某些机构（如英国石油公司2011年发布的《BP世界能源统计报告》）和媒体的报道，中国也成为超过美国的世界第一能源消费大国（中美分别占全球能源消费总量的20%和19%）。由此引起外界关注和广泛渲染的，还有随着中国快速的工业化、现代化、城市化带来的大气污染排放增加及对全球的不确定后果。另外，在2011年，我国水上运输船舶总规模首次突破2亿载重吨；全国港口货物吞吐量达100.41亿吨，集装箱吞吐量达1.64亿标准箱，双双位居世界首位。港口货物吞吐量和集装箱吞吐量已经连续9年位居世界第一。目前在世界排名前10位的大港中，中国大陆占了8个；在世界排名前10位的集装箱大港中，中国大陆占了5个。上海港已经成为世界第一大港口和第一大集装箱港口。我国船员总数已达165万人，船员总量居世界第一位。① 众所周知，近年异军突起的中国高铁建设，在很

① 有关中国航运业的数字，可参见《中国航运业快速发展 货物吞吐世界第一》，《经济日报》2012年8月27日。

短时间内便建成了全球范围覆盖人数最多、运营里程最长、速度最快的铁路客运系统。

根据《中国环境报》记者2011年11月14日报道，目前，中国的二氧化硫与氮氧化物排放均排到了世界首位。环保部污防司司长赵华林表示，我国大气污染排放负荷巨大，大气环境污染十分严重。中国工程院院士、清华大学教授郝吉明透露，目前，我国大部分城市PM2.5（细微颗粒物）浓度超过世界卫生组织规定的第一阶段的排放标准。他呼吁，制定环境标准应将保护公众健康放在首位。当天在京召开的第七届中美区域空气质量管理国际研讨会吸引了中美两国的众多官员专家。赵华林在他的主题演讲中称，中国所面临的大气污染的压力非常大。他说，2010年，全国重点城市大气污染物依然保持在较高水平，按照我国现行环境空气质量标准，重点区域城市有15%不达标。同时，灰霾和臭氧污染已成为东部城市空气污染的突出问题，上海、广州、天津、深圳等城市的灰霾天数分别占全年总天数的30%到50%。赵华林说，我国区域性的大气污染问题日趋明显，其中，城市群区域多种污染物排放量持续增长，其大气污染呈现出压缩型复合型特征，二氧化硫、氮氧化物等

浓度处于高值水平，而且以PM2.5等为特征的复合型污染呈加重态势。2010年，全国机动车保有量为两亿辆，赵华林认为，机动车的污染问题更加突出，对人民群众身体健康构成严重威胁。

还有一点需要强调。2008年以来的这几年，恰好也是西方发达国家深陷经济危机的时段，反衬出中国保持相对快速健康发展的难能可贵。这次危机有几个重要特点：一是它始发于超级大国美国，继而蔓延至欧日所有发达经济体，直到扩展成影响世界其他地区的全球性危机。二是它最先表现为金融领域的倒闭潮，至今还突出体现在欧洲债务危机上，但同时波及实体经济，带来高失业率等具有严重社会后果的冲击。三是迄今为止这场危机仍然没有结束的迹象，较以往半个世纪的任何时候，它更深刻地揭示出欧美现有体制的弊端，也给二战结束以来西方发达国家在全球经济发展领域的支配地位以严重撼动。应当说，中国像所有新兴大国一样，也受到这次危机的强烈影响，自身发展也出现了某些减速和问题，但总体来看，中国的表现依然是所有大的经济体中相对较好的，增长幅度依然是相对较快的，是全球经济版图中力量扩展最明显的一个。“西方不亮东方亮”，单从各种宏观经济数据观察，这句话用在此时是合适的。

有了快速增长的强大国力，现在的中国领导人显得比以往任何时候更加自信。十八大报告的解说，是这方面最有力证明之一。在2012年年底召开的中国共产党第十八次全国代表大会上，中国领导人首次提出了“道路自信、理论自信和制度自信”的说法。它的一个重要依据是，过去十年间，中国“取得一系列新的历史性成就，为全面建成小康社会打下了坚实基础。我国经济总量从世界第六位跃升到第二位，社会生产力、经济实力、科技实力迈上一个大台阶，人民生活水平、居民收入水平、社会保障水平迈上一个大台阶，综合国力、国际竞争力、国际影响力迈上一个大台阶，国家面貌发生新的历史性变化”。十八大报告的国际部分提出：“当今世界正在发生深刻复杂变化，和平与发展仍然是时代主题。世界多极化、经济全球化深入发展，文化多样化、社会信息化持续推进，科技革命孕育新突破，全球合作向多层次全方位拓展，新兴市场国家和发展中国家整体实力增强，国际力量对比朝着有利于维护世界和平方向发展，保持国际形势总体稳定具备更多有利条件”。在这种形势下，“中国将坚持把中国人民利益同各国人民共同利益结合起来，以更加积极的姿态参与国际事务，发挥负责任大国作用，共同应对全球性挑战”。“中国坚持在和平共处五项原则基础上全面发展同各国的友好合作。我们将改善和发展同发达国家关系，拓宽合作领域，妥善处理分歧，推动建立长期稳定健康发展的新型大国关系。我们将坚持与邻为善、以邻为伴，巩固睦邻友好，深化互利合作，努力使自身发展更好惠及周边国家。我们将加强同广大发展中国家的团结合作，共同维护发展中国家正当权益，支持扩大发展中国家在国际事务中的代表性和发言权，永远做发展中国家的可靠朋友和真诚伙伴。我们将积极参与多边事务，支持联合国、二十国集团、上海合作组织、金砖国家等发挥积极作用，推动国际秩序和国际体系朝着公正合理的方向发展。”①

上述宣告，反映出现阶段中国人积极进取的态势和高层更加雄心勃勃的内外追求；“三个自信”学说和“负责任大国”等概念，这些词汇更是对中国近十年间的发展最有力的表述。不论存在多少问题、麻烦和挑战（像下面将要分析的那样），中国人对自己国家成长的信心，对本国在国际事务中发挥更大作用的期待，可能是新兴

---

① 胡锦涛：《坚定不移沿着中国特色社会主义道路前进 为全面建成小康社会而奋斗》，2012 年 11 月 8 日，http://www. xj. xinhuanet. com/2012-11/19/c_113722546. htm。

大国里最强烈的，也许是所有世界大国中最乐观的。从历史的角度看，这是有几千年强盛文明传统的中华民族，在经历了最近一个半世纪的低谷之后，重新站在了世界伟大民族之林的高地上。

2. 新的挑战与关口

中共第十八次全国代表大会，推出了以习近平为总书记的新一届中央领导集体。新一代领导人的成长背景与以往有很大不同，他们有更强大的国力作后盾，对运用这种能力有更大的自信，也是更加了解外界对华感受和全球性挑战的一代。

归纳起来，新一代中国领导人未来几年面对的外交和国际方面的挑战，主要有以下几个：

第一个压力，来自国内十分强大而且勃勃上升的民族主义情感与国际诉求。中国是一个有几千年辉煌历史的文明古国，又曾是一个在近代遭受外部列强凌辱和压榨的落后国家，现在

2012 年 11 月，中国共产党第十八次全国代表大会在北京召开

资源来源：http://chn.chinamil.com.cn/jdtp/2012-11/08/content_5087480.htm。

终于获得了“重振雄风、扬眉吐气”的机会。对于千千万万的普通中国人来说，“中国”看上去再次成为受人尊敬的国家；人们对于北京奥运会、GDP 超越日本（乃至未来追上美国）、中国航天员太空漫步、国防现代化高速进展虽有各式各样的解释，但都有一种发自内心的自豪。13 亿人口的这种强烈民族情感，对于政治领导人来说，是一柄真正的“双刃剑”：如果动员和调动得当，它将成为团结社会和民心、建设现代民族国家、加快国防和军事现代化建设、抵御任何外部压力和勒索、争取更多国际话语权和核心角色的强大力量；反之，它可能迫使决策部门在任何有争议的国际争端事态和问题上不得不采取强硬、不妥协的立场，失去国际谈判和战略运筹所必需的灵活性和回旋余地，甚至任其蔓延、最终失去控制，导致与外部冲突的加剧。如何让强大起来的中国保持持续的、旺盛的民族精神，同时保持谦虚谨慎、开放学习的态度，不是一件容易平衡的事情。毛泽东、邓小平有过这方面的论述，但更多是基于理性的预测，而非基于现实的评估。

与上一点相关，第二个大的关口，是在全球新一轮“蓝色圈地运动”方兴未艾的背景下，面对和处置多个棘手的海洋主权纠纷。其实这一问题在新世纪初头几年已经出现，《联合国海洋法公约》在20世纪中叶生效，产生了强烈的冲击波。① 尤其北京奥运以来的这几年，南海、东海方向的问题层出不穷，解决办法乏善可陈。以东南亚国家与中国的关系为例：东盟十国中有五个与中国之间存在着涉及不同海域、岛礁、渔场及大陆架划分等权益的分歧。前些年海洋争端没有发酵之前，中国与东盟的关系保持快速健康的发展，特别是自由贸易区的实施，让双方感受到更大的互利共赢好处及需求；中国与东盟关系发展神速，比起日本与东盟的关系，取得了压倒性的优势。但最近两三年间，越南、菲律宾与中国在海洋上的摩擦升温，马来西亚、印尼、文莱虽然不想“撕破脸皮”，但也没有在主权和海洋权益问题上退缩妥协的意思，中国与

处于中日主权纠纷中心的钓鱼岛

资料来源：http://kuaixun.stcn.com/2012/0914/10114779.shtml。

① 在《联合国海洋法公约》的刺激下，全球有近150个国家提出了海洋方面的要求或规划，加大了海洋领域的投入和争夺，目前仍有60多个国家存在着与邻国的主权纠纷或渔业纠纷。中国在南海、东海、黄海三个方向，与八个国家存在程度不同、性质各异的海洋纠纷。

东南亚国家的关系骤然变得紧张微妙起来。与此同时，东海方向日本与中国的争端，尤其在钓鱼岛问题上的对峙，则更加严重和难解。其实，韩国、朝鲜、印度等与中国有海洋纠纷或陆地边界分歧的国家，也在密切观望事态的发展，寻找中国的底线与漏洞。另一方面，国内有相当多的民众和媒体，在综合国力逐渐强盛的背景下，则对那些“挑衅方”义愤填膺、怒不可遏，强烈要求政府和军方采取手段对挑衅的国家予以惩罚或“教训”，并伺机收复失地。这是20多年来最严重的外交困境之一。不能忘记，中国是全球范围涉及主权纠纷数量最多的国家之一，历史和现实的多重原因造成十分复杂的局面，解决它们绝非一日之功。眼下，对于决策部门来说，适应国内各方面的呼声及需要，处理好与日本、菲律宾、越南等国的海界麻烦，一方面获得更便捷的出海通道、对历史权利做出更好维护、借此壮大我海空力量，真正实现“海洋强国”的民族新梦想；另一方面使之不至于变成中国与邻国关系的“乱象之源”，不损害中国与周边地区来之不易的良好关系，确实是对中国大国领袖智慧与能力的某种“试金石”。

分析至此，触及第三个大的挑战：如何对待美国“重返亚洲”和“战略再平衡”等严重态势，使那个超级大国不会成为中国可持续崛起与和平发展的“绊脚石”?明眼人看得很清楚，围绕近一时期的海洋纠纷事态，在日本和某些东南亚国家与中国死缠烂打、不肯退缩的背后，有“山姆大叔”的强力撑腰。据笔者观察，在中国新一代领导人和多数中国老百姓的内心里，美国是当今世界的超级大国和“全能冠军”，也是唯一能对中国最终崛起和民族复兴进程造成严重阻碍的西方国家。反观美国那一边，对华方针存在明显的两面性、摇摆性和不确定性：无论说什么好听的，美国人断然不会答应任何国家在军事和高科技等关键领域取得对美国的优势地位，撼动其世界霸主地位，更不会允许中国这样一个社会主义国家在亚太地区把美国排挤出去，或在其他地区和领域构成对美国利益的重大损害；因此，当中国崛起壮大到一定程度时，比如军事开支、经济产值和航天事业发展到今天的水平，美国人的疑虑和防范自然会增加，各种相应战略策略应运而生（如美国人在东亚海洋岛屿之争幕后的运筹和操盘）。但今天的中国又不同于当年的苏联，中美之间的经济相互依存和社会民间交往远比美国与苏联的关系深厚，加上全球化时代的国际机遇与治理难题，也给中美关系平添了美苏之间完全不具备的某些内涵。这也是美国对华政策难以定型的重要理由，是美国与中国之间战略互疑与战略需要同时存在、交替上升的关键所在。对于新一代中国领导人来说，他们对美国有更多的感性认识，理解也更深刻，尤其是深知动乱年代中美对抗给中国的严重后果，懂得改革开放这些年中国的壮大和进步与美国不无关系；他们也知道现在的中美关系有哪些敏感与严峻之处，因而才有“创建新型大国关系”的说法与期待。不过，正如常言所道，“知易行难”，面对如此难局，中美之间未来究竟是相向而行（尽管在不同轨道）甚至逐渐拉近，还是反向使力、加速对撞？对此，没有现成的经验可循，更无人敢下断言。这是当今世界唯一超级大国与最大新兴国家之间的复杂博弈，可能是你死我活的后果，可能是得多失少的关系，可能是互利共赢的结局。历史给出的一个启示是，不管对抗还是合作，美国作为当今全球体系的主宰者对中国始终是一个巨大的阴影或者重心存在，中美关系始终是制约当代中国对外关系格局最重要的一个双边关系。中国新一代领导能否汲取历史经验教训，扬长避短、走出新局？

第四个挑战，与国内复杂的民族构成和新情况有关，也同国际范围各种正在激化的民族宗教矛盾及所谓“文明的冲突”联系在一起，那就是：如何妥善应对民族分离主义势力在中国边疆少数民族区域的扩张蔓延，如何巧妙处理相关的国际纠纷和压力，同时在此过程中保持中国国内的持续稳定、统一完整？从世界各国特别是新兴大国的情况比较而言，处置国内复杂的民族纠纷以及由此诱发的国际矛盾，始终是各国决策者面临的一个严峻任务，弄不好就造成动荡不定的内外恶果，乃至打乱原有战略日程、延缓强国富民的进程。俄罗斯在近20年间因车臣问题造成严重“内伤”，主体民族俄罗斯族与外高加索一带少数民族的紧张关系，成为制约“北极熊”能量的主要软肋之一，也是俄罗斯与西方关系紧张的重要根源之一；印度近年来虽然以其快速增长的经济和军事实力引人注目，但国内印度教徒与穆斯林之间的严重分歧，每每成为国内宗教民族冲突及与邻国摩擦对抗的导火索，未来也可能成为妨碍这个新兴大国雄心勃勃目标实现的主要障碍；南非、墨西哥、尼日利亚、印度尼西亚等颇有希望的地区大国，不同程度地存在此类困扰，各国内部种族、民族冲突的解决，成为考验这些国家决策精英实现民族国家振兴目标的一大关口。在中国，虽然党和政府长期坚持各民族团结及和谐共进的方针，但毋庸讳言，改革开放这些年来内地沿海地区与边疆少数民族区域的发展差距在不断扩大，加上冷战结束以来周边地区分离主义、恐怖主义、宗教极端势力的强势崛起和影响外溢至中国境内，中国决策层处理国内民族问题的难度逐渐增大。2008 年拉萨及若干省份的藏区的“3 ·14事件”和 2009 年新疆乌鲁木齐的“7・5 事件”，证明了问题的严重性质。从外交和国际关系角度分析，所谓“西藏问题”背后，有各种国际因素介入，未来“藏独”势力若出现“后达赖时代”，更可能形成复杂棘手的外部压力；而中国西北部民族分离主义的滋生蔓延，也直接受到中亚、西亚、北非一带动荡局势的深刻影响，令中国政府无法单以国内事务的角度，规划、运筹国内这一大片疆域的未来。

从外交与国际战略角度观察，另一个挑战来自中国日益增长的能源需求和对外依赖。现今的中国是世界最大的制造业基地，也是工业化、城镇化发展速度最快的世界大国，能源消耗的快速上升是不可避免的，但中国自身化石能源储量和产量只能满足这种巨大能耗的一部分（如石油、铁矿石、铜材等），核能、风能、水电、沼气能等新能源增长虽快但比重仍小（目前尚不到能源供应总量的 10%），缺口的部分不得不依赖与世界相关产地的合作与进口。考虑到中国人口和经济的规模及增长前景，如何保障这种不断上升的能源需求，在国内须提出增产节能降耗、调整产业结构的重大方针，尤其在对外战略和布局上做出规划，特别是对与世界能源产地及国家的交往做出适合安排，对威胁能源通道和供应的各种外部不测事态做出预警和应对，是中国对外决策重大日程排位前列的议题之一。它绝非像普通人想象的如买卖关系那般简单。举一个例子：中国尽管是世界上石油产量靠前的国家，但石油产量自给率逐年下降，进口量逐年增加，2008 年石油进口比重为 48.5%，2010 年前后突破 50%大关，2012 年为 57%，估计 2013—2014 年间达到60%。2012 年中国进口石油 2.7 亿吨，相当于每天进口 540 万桶[1]，保证这种供应链条的长久稳固，不是一件容易的事情。中国主要的三大石油进口产地为中东地区、俄罗斯及其周边、非洲地区，这些地方都不同程度地存在着动荡的风险隐患。另外，近年来全球能源供需格局、价格形成机制正在发生深刻变化，需求重心加速东移，供应轴心逐渐西移，能源安全出现与以往不同的新特点。

---

① 《中国明年石油对外依存度将达 60%》，http://politics.people.com.cn/GB/n/2012/1119/c1001-19616544.html。自 2012 年年底以来，有关中国石油进口创新高的报道大量出现，从国际能源网讯、中国网、中国海关总署数据发布公告等信息渠道，人们不难发现这方面的各种数据。

中国、印度等新兴市场正成为全球能源消费与贸易新的增长点，而北美、欧洲等国家传统能源消费将渐呈下降趋势。与此同时，世界能源生产中心日益多元化。中东—北非、中亚—俄罗斯占世界石油储量的64.7%，仍将是供应的中心。页岩气、页岩油、油砂等非常规能源和非化石新能源得到越来越广泛的开发和应用，使北美在作为能源消费地的同时逐渐转为能源供应地。这是一个值得追踪的新趋势。对上述各种因素如何统筹考虑，发展出更长远的全球能源外交和战略布局，同时让国际社会对此有最低限度的理解和接受，可以说是中国新领导人面对的一大难题。

第六个大的挑战，是提高中国政府及其决策的公信力。它包含内外两个方面。对内是加强公众对政府和党的信任，加快处理国内社会政治日益严峻的非正义和不公平现象，不使之恶性蔓延，毁坏中国自身成长的基石和中外关系良性发展的轨道。对外则要防止“中国越强大越富有、朋友越少、亲和力越弱”的趋势，以有效的行动改进中国的国际贡献和形象，使各种版本的“中国威胁论”不攻自破。现在国内普遍觉得政府对外交涉时太软弱，而国外广泛认为中国变得日益强硬；中国百姓感觉幸福感不强，对于物价上涨、生活压力有不少抱怨，而外部媒体和公众常常误认为中国像是民众富裕、国家税收和外汇多到用不完的国家。这种不断扩大的认知反差，对于中国领导人是一种警醒。我的一个看法是，国内公众之所以有时怀疑外交部门和政治高层的对外立场，担心会拿民族国家的根本利益做不恰当交易，归根到底是因为我们很多官员在国内办事不公正、徇私舞弊，腐败问题始终没有根治。极端民族主义情绪的上升，尤其是所谓“愤青”的出现，是很多人在宣泄心中的愤怒不满，某种程度上折射出社会不公平现象的严重性；不少老百姓觉得国家虽然富有了但分配极其不合理，财富增加了但自己所得与付出却不成比例。不管有多少偏激的、片面的成分，社会上这类情绪及怨言的增多，迫使政府不得不认真考虑解决分配不公、遏制官员腐败和进行政治体制改革等重大课题。国外之所以有时不太理解和接受我们的立场，原因不可一概而论：有的是出于嫉妒和担心中国的强大而刻意歪曲曲解，有的是缘于不了解中国的实情而导致的误判与摩擦，有的是由于我们的外宣缺乏说服力而造成中外解释上的差异与冲突，有的是来自我方某些具体制度和做法不合乎国际通用规范而带来的问题。但总体上讲，中国外部形象不尽如人意是一个不争的事实。真心了解和支持中国发展的人，都期待新一代领导在这方面做出大的改进，拿出切实有效的办法。

最后一个挑战是，如何确定自身在全球高地上的方位，一方面有力而巧妙地维护不断增长和国际化的国家利益，另一方面根据国内外需求积极且量力而行地承担更大的全球责任。这里面最大的难点，不在于妥善处理与周边国家的主权纠纷，以及应对好超级大国美国对中国的疑惑及所谓“再平衡”手段，而在于怎样恰当处理国内巨大的重心（决策优先性）与不断增强的国际角色（权利/义务）之间的关系，用合适的机制统筹协调外交、军方、商务等部门的潜在矛盾。与一般国家不同，中国如此巨大规模的市场以及独特而成系统的文化传统，很容易使领导人不自觉地把主要注意力放在解决当下迫切的国内事务上，而忽略（至少是轻视）外部世界对中国的关注、需要以及敏感复杂的批评意见。与许多新兴国家不一样，中国的社会制度和意识形态同欧美主宰下的国际体系和价值体系有更多差异和摩擦，中国领导人相对缺乏在一个比较“异样”的周边及全球环境中提供国际公共产品的经验和技术。中国国内复杂多样的民族构成及新的变化，很可能成为俄罗斯那样在饱受外部抨击之后出手反击的内外摩擦点，中国也可能像印度那样由于解决不好与周边国家的历史恩怨和现实难题，而反复滞留于东北亚和东南亚的传统“外交疆域”，以致不能在全球高地上伸展手脚。中国现在有了越来越多的全球收益、全球威胁等全球利害关系，也在经贸等层面有了更大的全球大国气象，但中国的全球政治角色（包括对整个人类的政治哲学引导符号）显然不太明晰，它的全球安全目标和策略也不太系统连贯，其对于全球社会和文化领域的作用杠杆更是乏善可陈。尽管人们可以说，中国在这些方面比过去“强了许多”，只是这种增强远未发挥中国人的潜力、达到合适的水准，更遑论以比较理想的方式发挥作用。

依笔者观察，在新一代领导人面前，对外关系存在的各种难题，多半不是传统式的、纯粹消极性质的问题，不是旧时代、旧结构下的矛盾，而是新时期、新形势下出现的情况，属于前进过程中的特有“瓶颈”。恰当的判别能力，好的平衡感，坚守基本目标不动摇，是很不容易掌握的，尤其对中国这样快速成长又有独特历史和

中国工人在非洲

资料来源：http://news.cnool.net/0-1-43/4429.html。

政治制度的大国（及其精英阶层）。举例说，低水平消费时代的中国，不存在能源短缺的问题，也没有“能源外交”或“能源安全”之类的挑战；如果不是技术进步和资金充裕，对各国来说，《联合国海洋法公约》最近十年带来的冲击波不会带来如此巨大的压强，譬如说在中国周边带来现在这样错综复杂的海洋主权纠纷（所谓“新一轮蓝色圈地运动”）。假使不是国门开放和国内经济社会增长，中国普通人不可能像现在这样大量地出国留学、打工、旅游、经商，外交部门也不会有如此繁重几乎不堪重负的领事保护任务；中国如果不是13亿人口的大国，国力的快速发展和不断壮大在邻国周边和世界其他大陆产生的震撼效应（包括各种版本的“中国威胁论”）也就不可能像现在这般层出不穷。假使对这些问题的性质想不清楚，只是看到消极阴暗的一面，像某些网络上的言论经常抨击的那样，说中国现在受到了以美国、日本为首的各种反华势力的扼杀封锁，中华民族正处于危境和“掰腕子”的时刻；或者，像很多大众媒体不无忧虑地讨论的那样，说现有国际体系和规则越来越压缩了中国的存在空间，越来越妨碍“中国梦”的实现；又或者，像少数学界朋友试图解释的那样，说当下的全球金融危机，同时是资本主义总危机和社会主义全面进入高潮期的预兆……假使我们的国家决策和对外战略建立在这些似是而非、片面狭隘的判断之上，就不会有建立推进“海洋强国”步骤与保持睦邻友好的大局之间复杂平衡的思考及统筹手段；就不会把西方某些别有用心的势力的宣传伎俩及口号与真正反映全人类进步和国际社会普遍追求的普世价值混淆起来；就不会有与美国、日本等西方主要大国建立“斗而不破、合而不同”的新型大国关系的要求；就不会放弃利用现有国际制度及规范为我所用的方略。说到底，前面提到的各种外交及国际战略的难题及关口，实际上与国内政治和社会基础之间有深刻的、内在的关联。国内体制的某些缺失和问题，造成了对外关系的某些制约和不协调，因而若想在外交和国际关系方面取得更理想的成果，不只各涉外部门自身需要提高和改进博弈的技巧，更需要国内的观念、体制、政策发生有利于新形势的调整。当然，国内变革的进行必须适度、稳健，能够被多数百姓和部门所容易理解和接受，而不是在突变、动荡或者存有大的分歧下强行推动。这种适应新时代、新形势的变革及其议程，是依照本国国情和发展日程确立的，不会受到外力的干扰和破坏，不会被一时一事的“战略意外”所改变和颠覆。

显然，新一代中国领导人对上面提到的新难题和重大关口已有更多感受和思考，所以习近平总书记才有“把世界的机遇变成中国的机遇，把中国的机遇变成世界的机遇”的新提法。这种提法的指向，当然不再是毛泽东时代输出革命的目标，也不是邓小平时代外交保障经济重心战略思想的简单重复，它也拓展了江泽民时期和胡锦涛时期的“新安全观”和“两个大局”等战略思维的边界。不过，知易行难，巨人亦有其烦恼，尤其当他从低地迈上平原，再由平原朝高峰攀登之时——“树未大先招风”，“高处不胜寒”，“爬得高摔得重”，诸如此类，都可用来形容中国这样的大国之成长不易。中国领导人所说的中华民族宏愿能否得以实现？实现的过程如何推陈出新？对此，全世界都在拭目以待。

第二篇　现实探索

不干涉学说及援外方式的创新

——以中国-非洲关系为例

新时期的中国外交需要迎难而上，创造性地介入国际事务，打开新的局面。它的前提是，思想观念要有一定创新，实际工作要有合适抓手。在这里，选取中国与非洲的关系作为切入点，看看为何需要和怎样对传统的不干涉内政方针做出拓展，使之适应现在的形势和要求。重点是，如何在量力而行、互助互利的前提下，提供更多、更有效的战略援助和公共产品。

与其他地区相比，非洲是一个适合的佐证对象：它曾是中国长期耕耘、改革开放以来收获颇多的大陆，尤其近十几年中方决策层及外交部门对这一地区的用心与投入，较好地证明了中国何以尝试创新传统友好关系，在一个遥远的大陆发挥新的大国作用；它可以提供大量新鲜的案例及启示，符合理论证明所需要的概率标准，尤其适合验证“创造性介入”的思维与做法，提示人们在推进相关战略时须循着哪些尺度与路径。此处探讨的不干涉原则及援外方式的创新，亦可用于非洲以外的其他地区和领域。

2012年，中非合作论坛第五届部长级会议开幕式

资料来源：http://www. chinamil. com. cn/big5/title/2012-07/20/content_4962590. htm。

中非关系当前正处在新的关键时期，中国对非洲的政策面临重大机遇。正如时任中国国家主席胡锦涛在2012年7月19日中非合作论坛第五届部长级会议开幕式上指出的那样："国际形势的深刻变化，中非人民对中非关系发展的殷切期待，都要求我们以高度的责任感和使命感，适应新形势，提出新目标，推出新举措，解决新问题，努力开创中非新型战略伙伴关系新局面。"① 在笔者看来，新形势最重要的一点是，在新世纪第二个十年

① 《中非合作论坛第五届部长级会议在北京举行 胡锦涛出席开幕式并发表讲话》，2012年7月19日，http://news. xinhua net. com/world/2012-07/19/C_112476988. htm。

之际，西方资本主义国家普遍处于严重的金融危机之中而乏力无为，而中非却乘势而上、稳中有进，面临着提升国际位置和发言权的机遇。新的战略目标应运而生，其中最重要的战略目标之一是，对于非洲国家而言，能否延续目前相对快速的发展局面，提高发展的质量与水平，尤其是在不受各种干扰（包括内部局部动乱和不稳定的冲击）的前提下，使非洲大陆的整体能力上一个新的台阶；对于中国而言，能否在中非传统友谊和合作关系的基础上，加大对非洲自主性（包括自身维持安全和平能力和经济成长动力）的支持，使中非关系的基础更加宽广牢固。

未来若干年，是中国抓住上述机遇、实现战略目标、开创中非新型战略伙伴关系新局面的关键时期。从国际关系理论和外交学研究的视角观察，它亦提出了值得追踪和探讨的大量新课题，包括前人很少涉及、国内外缺乏共识的新领域、新挑战。对于中国外交部门和外交学界而言，富有意义也颇有难度的一个问题是如何坚持和创新我们长期坚守、至今依然有效的不干涉原则，量力而行和分门别类地提供包括区域性国际公共产品在内的各种援助，在此基础上开创中国对非援助的新格局。本部分首先从中非关系的现实及案例出发，分析中国不干涉原则的演进与创新，以此作为实施新的战略性、组合性援助的理论思想依据；之后梳理中国对非洲援助的种类及其特点，对政治援助、商务援助、军事援助、外交援助以及新的区域性国际公共产品的提供等范畴做出大致划分和界定，厘定新的总体战略性援助的框架与多重路径。

一、不干涉内政原则的拓展

国际形势及其发展趋势以及中国自身的变化都表明，中国的国际问题研究界，应当适应新的时代和情况，努力发展出有中国特色又符合国际趋势的不干涉学说。

这里，先简要回顾一下中国不干涉原则提出的背景及它的原初含义。众所周知，中国曾经与印度、缅甸在20世纪50年代共同倡导了和平共处五项原则，其中核心内容之一，就是“不干涉内政”原则。1953年，时任中国中央人民政府政务院总理周恩来，在会见印度政府代表时，第一次正式向对方提出了五项原则，即“互相尊重主权和领土完整、互不侵犯、互不干涉内政、平等互利、和平共处”，作为处理两国关系的原则。1954年，周恩来又先后访问印度和缅甸，并与时任印度总理尼赫鲁、时任缅甸总理吴努分别发表“联合声明”，双方不仅一致同意以和平共处五项原则作为指导中印、中缅两国关系的基本原则，而且强调各国国家在与亚洲以及世界其他国家的关系中，也应当适用这些原则。1954 年 4 月，中印双方签署《中印关于中国西藏地方和印度之间的通商及交通协定》，将和平共处五项原则写入序言，这是和平共处五项原则第一次写入正式的国际文件。同年 6 月 28 日，中印两国总理发表联合声明，声明指出：

> 最近中国和印度曾经达成一项协议。在这一协议中，它们规定了指导两国之间关系的某些原则，这些原则是：甲、互相尊重领土主权；乙、互不侵犯；丙、互不干涉内政；丁、平等互利；戊、和平共处。两国总理重申这些原则，并且感到在他们与亚洲以及世界其他国家的关系中也应该适用这些原则。如果这些原则不仅适用于各国之间，而且适用于一般国际关系之中，它们将形成和平和安全的坚固基础。而现时存在的恐惧和疑虑，则将为信任感所代替。

1955 年 4 月在印度尼西亚万隆举行了有 29 个国家和地区参加的万隆会议，会上发表了《关于促进世界和平与合作的宣言》，其中包括了这五项原则的全部内容。在中印缅三国政府的倡导下，和平共处五项原则在国际上产

1955年，周恩来总理出席万隆会议

生重要影响，已为世界上许多国家所接受，成为处理不同社会和政治制度国家之间相互关系的基本原则之一。和平共处五项原则还被许多国际多边条约和国际文献所确认。1970年第25届联合国大会通过的《关于各国依联合国宪章建立友好关系及合作的国际法原则宣言》和1974年第6届特别联大通过的《关于建立新的国际经济秩序宣言》，都明确把和平共处五项原则包括在内。正如时任中国国务院副总理钱其琛在纪念和平共处五项原则提出50周年举办的国际研讨会上评价的那样："在那以后的半个多世纪里，和平共处五项原则经受住了世界风云变幻的考验，逐渐为国际社会普遍接受，成为指导国际关系的基本准则"；现实证明，"在今天这一相互依存又多元多样的世界上，作为指导国际关系的基本理论，最有生命力的仍是和平共处五项原则"①。这里，和平共处原则不只是强调各国间的尊重与和平相处，更重要的是，以不干涉原则为核心的要求，实际上反映出刚刚获得民族解放和政治独立、从殖民主义帝国主义枷锁下摆脱出来的一大批发展中国家的迫切愿望，即防止重新陷入受西方列强奴役、无法在国际舞台自主行事的境地。毋宁说，它代表着受压迫者、弱势群体的共同愿望，折射出对国际政治现有秩序提出批评和抗议的那些国家的心声。

半个多世纪后的今天，全球形势发生了天翻地覆的变化，和平共处原则也处在不断调整和创新的过程之中。这里面，中国作为20世纪后半叶快速崛起的新兴大国，与印度等一批发展中国家进入了创造历史的行列，也对国际关系有了新的看法和要求，既是和平共处五项原则的倡导者，也是这些原则创新的最大推动力量。在钱其琛的讲话里，鲜明地表达了与时俱进的中国人的新认知、新诉求。他指出，在新的形势下，需要根据时代特点，赋予和平共处五项原则以新的内涵：

第一，平等的观念应成为实现国际关系民主

① 《和平共处五项原则发表50周年 钱其琛建议发展其内涵》，2004年6月14日，http://news.xinhuanet.com/newscenter/2004-06/14/content.1525075.htm。

化和法制化的基础。国家有大小、贫富、强弱的不同，但在法律上是平等的，都有权平等参与国际事务。民主与平等原则，应在国际关系中加以提倡和履行。第二，树立互信、互利、平等和协作的新安全观。以对话增信任，以合作促安全，国家间的问题，应通过对话和平解决，不应动辄诉诸武力或以武力相威胁。第三，应尊重世界的多样性。不同文明间首先要相互尊重，和谐共处。各国应采取开放的态度，相互取长补短，共同进步。第四，应积极提倡多边主义。在全球化和信息化时代，各国相互依赖加深，任何国家都难以完全凭借自身力量维护安全。打击恐怖主义、保护环境、控制传染疾病、防范金融风险，都需要多边合作。多边主义是应对人类共同挑战的一条有效途径。要充分发挥多边机制的作用，通过国际合作，处理威胁与挑战。第五，应追求人类社会的可持续发展。当今世界发展问题依然相当严峻，南北差距仍在拉大，贫困现象更加突出。世界是一个相互联系的整体，应该开展互利合作，使全球化进程朝着互利、共赢的方向发展。①

他的讲话表明，中国领导层在全球化进程中看到了趋利避害的机遇，对和平共处原则的强调转向新的方向，即各国应有公平合理的参与和决策权利；新的强调重点，在于相互依存下的互利合作，但这不意味着对问题视而不见，不等于承认西方仍在主导的结构不存在、不产生“严峻”的一面。逐渐强大和自信的中国，现在更加心平气和，不再打算以革命和暴力方式改变不公正的世界政治秩序，而是相信对话、合作、和平及不诉诸武力的改革与渐进方式的有效。

我认为，上面的讨论已提示了不干涉原则与时俱进的必要性及总体的创新方向。传统上，我们国家在半个多世纪的对外交往中，始终坚持尊重各国主权和不干涉内政的原则，赢得了亚非拉广大新独立国家的支持，也为中国在国际社会的立足和发挥大国作用确定了独特的坐标。这一原则的关键在于，充分相信各国人民及其政治家的智慧与能力，深刻反思旧时强权政治和霸权主义

---

① 《和平共处五项原则发表 50 周年 钱其琛建议发展其内涵》，2004 年 6 月 14 日，http://news. xinbuanet. com/newscenter/2004-06/14/content. 1525075. htm。

的恶果，坚决抵制用外部移植的方式把当事国不情愿的方案强加于人。它之所以能够长期坚持下来，既和中国的战略远见与耐心坚持不可分割，也与多数国家实际的状况及对中国的需要联系在一起。从根本上讲，这一原则也同当今世界依赖主权民族国家为主体成员的国际体系构造是一致的。没有了主权及对主权的尊重，国际体系将陷于以大欺小、以强凌弱的野蛮丛林逻辑而无法自拔。哪怕是那些经常违背这一原则的西方大国，也不可能完全、彻底地抛弃它，因为那样同时意味着对外交往中国家利益至上、国家行为体主导外交和国际关系的近代国际关系全套理论与实践的失效。第二次世界大战之后的历史证明，中国一直是维护这一原则的主要大国之一，尤其是广大发展中国家在寻求政治独立和外交自主的政治斗争中的重要伙伴。在同样的意义上，中国作为联合国常任理事国和负责任大国，有理由也有可能不仅自己要继续坚持这一原则，而且应当在国际社会全力维护它的合法性、正义性和广泛效用。

但是，从另一个角度观察，对这一原则加以丰富和修订、使之更加符合新时代的特点和中国自身的需要，正在成为日益迫切、要紧的事情。

首先，全球化的加速发展和全球性挑战的严峻化，使得信息的传递更加迅速，使任何一个地点的坏消息及其严重后果的扩展超出以往任何时期。如果没有及时的介入和制止，一个国家内部的消极事态，很有可能不仅伤害本国本地区的人民，而且危及周边国家和整个国际社会的利益。内战的外溢就是一个典型事态，从波黑战争到海湾战争直至近期的利比亚战争均属于这类问题。在非洲最近这些年的战乱与冲突里，绝大多数都有类似的特点，如科特迪瓦的冲突、马里北部的战争、索马里的内战等。它们始于内部的矛盾包括历史遗留问题，逐渐升级发展成危害整个国家的暴力冲突，最终导致周边地区的不稳和国际上的各种干预（包括西方一些老牌殖民主义宗主国的强力干涉），形成国际上引人关注和持续不断的局部热点。据不同的评估数据，最近20年间，由内战或动荡政局诱发的国际对抗，占到地区冲突和局部热点战争总数的60%以上。因此，在新的时代，国际安全的保障，各国自身的稳定，乃至全球

科特迪瓦冲突硝烟滚滚

资料来源：http://www.0718.cc/2010/1230/27950.html。

性治理的推进，都要求对于传统的不干涉原则做出某种修正，使之允许在保证当事方基本权利的前提下，尤其在与联合国宪章精神一致的条件下，由周边地区、一些重要国家和国际社会参与个别国家内部危机的解决。必须承认，在这方面，包括非洲大陆的不少国家在内，对于中国可能扮演的新角色有越来越多的期待与要求。

其次，放眼国际范围，西方发达国家早已意识到干预的必要，一些欧美大国的公众和媒体对之有众多的讨论和呼声，在过去一段时期里，形成了大量理论与政策实践，并且竭力将这些东西扩展成国际共同标准与规范。这里马上能够想到的，比方说，有人道主义干涉学说、人权高于主权学说、保护的责任学说、区域一体化与治理学说、全球分层次干预学说、反恐与先发制人学说、国际组织功能变化学说、联合国维和行动的新使命学说等等。应当承认，这中间确有相当多的内容表达了新时期国际社会的共同需要与多数国家的诉求，有一定的进步意义和启发性。然而，这些干预学说往往被歪曲、狭隘地使用，首先满足的是发动干涉的西方国家的私利与霸道企图，而且多半是在没有征求国际社会多数探讨与同意、没有得到当事国各国允许和理解的前提下实施的，因而后果往往是顾此失彼，甚至带来更大的灾难与不确定性。从这个角度说，中国作为联合国安理会里唯一来自发展中世界的代表，又是一个强调正义和平等权利的社会主义大国，应当积极参与有关国际介入的最新讨论，认真研究实践中提出的新要求、新机遇，为建立既符合国际安全和全球治理新要求，又能为弱小国家和危机地带的多数民众所接受的介入理论做出自己的贡献。

当然，最重要的理由之一是，中国的海外利益不断扩大和延伸，中国国内的发展也与外部世界更加紧密相关，中国外交方针与整体国际战略必须考虑这一新现实，对海外各种利益实施更大力度、更广范围的保障，并且依据中外联系的新特点、新要求提供更多支持与维护。这些增多的、需要保护的利益，首先包含经贸、能源、海上通道等方面的内容。例如，我们现在每年出境的公民人次已从改革开放前年均不到 1 万人增加到 8000 多万人；中国赴世界各地留学的年轻人数字从 30 年前世界大国中最少的一个上升到最多的一个（一种估计是目前中国留学生已占到全球总数的 1/7）；中国的游客数量 15 年前还不值一提，现在已超过每年 5000 万人次大关；中国赴海外务工人员从 20 世纪 90 年代初期的一年区区数万人变成现在每年近百万人的大军。单是对这些庞大队伍的领事保护，就是任何国家无法与之相提并论的艰巨外交使命，更别说危机时刻可能需要的撤侨、护渔、打海盗、救难民等带有非战争军事行动性质的艰巨特殊安全任务。中国最近十余年间，已从单纯的资本输入大国，变

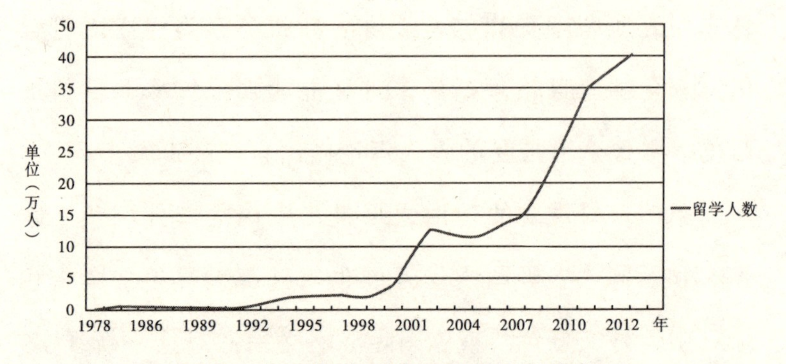

1978—2012 年中国出国留学人数变化

资料来源：http://www.eol.cn/html/lx/baogao2013/page1.shtml。

成了同时向外输出巨额投资资金和建筑项目的资本及劳务输出大国，中国政府、个人和公司收购兼并或认股参资的船队、港口、矿山、森林等遍布全球各个领域和各个角落；这些数量极为可观的海外资产，也需要中国政府拿出自己的保值增值、保障保护等办法，以从前不可能具有的积极态度和统筹策略介入各种涉华的外部事务。单是在非洲，中国的投资就从 2000 年一年 5 亿美元发展到现在一年 150 亿美元以上，同一时期的中非贸易总额也从 106 亿美元左右增加到 1600 多亿美元。作为连续三年的非洲第一大贸易伙伴，中国近年对非洲的各种投资额已超过 400 亿美元。中非能源合作成为中非经贸关系

的重要组成部分；苏丹、安哥拉、利比亚、阿尔及利亚、刚果（布）、埃及、刚果（金）和毛里塔尼亚等国，是中国重要的石油贸易伙伴。中国能源企业以实施优惠贷款项目、承包工程、相互贸易和投资建厂等多种方式，与非洲国家展开能源合作。非洲对中国的石油出口占非洲石油出口总额的比重，从2000年的0.7%增加到2009年10.7%。2011年全年中国从非洲进口原油5797万吨，占中国当年进口原油总量的23%，仅次于中东地区对中国出口石油所占份额（50%以上）。[①] 中国与非洲的相互利益可以说是今非昔比，现在规模远超非洲大陆之外任何大国与非洲的贸易数额。不管外界如何评说，中国人必须用坚定的态度，保护这种日益增大的双边关系。

在不断增加的海外利益里，还有相当的内容涉及维护"高边疆"的军事安全，特别是海洋权利、建立更加可持续的周边和全球生态环境、树立更加友好的国际舆论及国际制度话语权等内涵。这些新的内涵大大超出了传统外交与国际关系的范畴，也要求中国外交人和战略决策部门以全新的目光审视不发声、不争先的传统态度。举例来说，在联合国海洋法公约生效后的最近十多年，

---

① 李立凡：《贷款换石油》，载《石油中文版》（*Oil Magazine*，意大利ENI石油公司出版物），第19期，2012年10月刊，第40—41页。

全球范围掀起了一股“蓝色圈地运动”浪潮，许多国家争先恐后地在海洋开发方向布局投子，也因而造成日益增多的海洋纠纷和主权摩擦。在这里面，涉及中国的矛盾与纷争数量尤其多，情况也复杂，目前至少有8个国家牵扯至与中国在黄海、东海、南海不同方向的权利争夺。在这种局面下，单纯的低调忍让或搁置争议或回避拖延等策略往往无济于事，必须学会下先手棋、掌握规则或棋局的运筹权，主动介入涉我争端事宜，拿出各方能够接受的方案或思路。在这个过程中，可能需要“稳东”“西进”，可能需要寻找支持者和战略准盟友，可能需要先期投入或早期预警，可能需要在远离争议地点的大陆发力。这些都属于“创造性介入”，是有别于以往不干预立场的积极姿态，是新时期海外利益增大乃至整个中国全方位扩展崛起的现实使然。

对于“不干涉内政”思想，不能做机械化的理解与解释。事实上，无论是中国外交字典里的一般含义，还是从中国外交在非洲的大量实践观察，这一思想有着清晰的、内在一致的含义：一个国家的内部重大事务，特别是像政治制度、安全安排和治理方式及领导人选择这类关乎社稷民生大局的问题，应当由这个国家、这个民族、这个土地上长期居住的百姓来决定。外部世界如果尊重这个国家及其人民，积极帮助其实现上述目标，就不能视为干涉内政；反之，其他国家“越俎代庖”，譬如讲替人选择政权和领导人，接管安全事务或经济大权，则是对国家主权的剥夺和对这个国家内政的不恰当干涉。

在此意义上，这里说的中国应当“加大介入”，不仅不是对我们的外交传统特别是不干涉原则的否定，相反它是在新形势下对这一原则的丰富和发展；也是对当今世界某些主宰性力量之不合理、不公正秩序的纠偏，是维护并提升中国爱好和平、主持正义和负责任大国形象的做法。

这里，我想特别指出，不干涉原则与主权原则本是一个硬币的两面，是当代国际关系框架中最重要的一对支柱性范畴；主权原则并非僵硬固化、一成不变，事实上一直处于演化过程，近些年也有重要的新内涵注入。从这个意义上讲，不干涉原则很自然也需要与时俱进，得以创新和丰富。简要地概括，主权原则在当代国际关系实践与理论中，主要有以下两方面的演化和创新：首先，历史地看，早期主权属于君主绝对专制性权力，主要涉及宗教归属、辖地分割、皇室婚礼的安排等事宜；近代资产阶级革命之后，主权概念逐渐朝增强国家（政府）权力方向倾斜，这与民族国家意识的觉醒及近代国际体系的扩张需要相一致；当代特别是二战之后，主权思想的重心逐渐向着社会与公民主体性的轨道对接，国家与社会关系进步的潮流把政府变小、社会变大，“人”字被逐渐大写，主权的行使与对人权的尊重变得密不可分。其次，主权越来越不能被简单地视为一个孤立的、单一的法律术语，而是作为一个多元的、综合的、灵活分层次的实践范畴。比如，主权的安全与政治内核依然坚固和处于枢纽位置，而经济主权则分层对待，以适应加入国际贸易活动及规则的新需要（典型事例之一是，过去曾经被认为是各国政府极其看重的构筑关税壁垒等主权权利，随着世界贸易组织的建立和功能扩展而不断让渡和削弱）。各国及其决策者深刻意识到，灵活的主权方式既是国家间相互依存所必需的，也有利于新形势下民族国家经济的吸纳与成长。即使在安全与政治主权方面，考虑到多种需求与敏感性的差异，越来越多的国家倾向于分出核心主权、重大主权、次要主权和一般主权的优先次序，以便于合理配置和有效使用资源，同时更加巧妙地处理国与国之间一些微妙的争端，如主权共享、分割、托管、搁置等岛屿争端的过渡性和妥协性安排，主权概念本身也逐渐分出了占有权、管辖权、使用权、代管权等等要素部分。主权不再是单一性的、僵硬不变的概念，而是可强可弱、可进可退、有内核有外壳、有不变的部分、有可讨价还价的部分的复杂权利和权力的机制系统。① 总之，主权范畴的历史进步，给予传统不干涉原则的创新以日益增大的压力，也提供了更多的机遇窗口与宝贵启迪。在新形势下运用好主权观，不仅能够捍卫国家民族核心与重大的利益，也能够依据实践的需要和外部的变化做出灵活调整，从而在国际舞台上作为既有原则又有变通能力的国家趋利避害、引领风潮。

深刻了解上述世界大势，从中国自身的实践中发现提取成功案例和思想源泉，是新阶段中国外交研究的一项重要而紧迫的任务。

二、中国与非洲关系的验证

1. 非洲的变化对中国的要求

过去很多中国人以为，非洲国家及其学界是完全赞赏中国传统的不干涉原则的，是会无保留地继续在双边关系和国际事务中支持我们的这一立场的，毕竟他们有与中国类似的历史遭遇，有寻求政治、经济、外交更大

① 有关主权范畴在国际关系中的演化与进步，可参见我在相关著作里的讨论：《全球政治和中国外交——探寻新的视角与解释》，世界知识出版社 2003 年版，第二章“国家主权和国际社会”，第 20—35 页。

自主性的强烈要求，有对于西方霸权主义和强权政治的敏感痛楚。一般而言，这个判断并没有错，但现实表明，这种认识过于简化，有时容易造成误判。从各种国际会议上的激烈争执和私下交流不难察觉，需要重新认识情况。

首先，非洲国家的政府与学界及公众并非完全一致，在各国官方大体保持原有立场不变的同时，学者、媒体和百姓各界有明显的分化。在后面这些群体里，有相当多的人担心，中国大量的经济和财政援助以及背后的不干涉立场，会给本国的某些“腐败官员”更多以权谋私的机会，而受援国的公众与社会则没有按照预期的那样受益。我们一些媒体和官员对于非洲官方立场的判断，也往往基于老一代人留下的基础，强调中非友谊牢不可破、有共同历史遭遇等，而忽略了现实里新一代非洲官员的多元、复杂和敏感的意识。冷战结束以来的20多年，尽管非洲国家一度受到西式民主化浪潮的严重冲击，有不少负面后果及批评，但现实情况是，除少数国家外，多数非洲国家已采纳和习惯了由选举产生多党制度，接受了自由、民主、人权等规范，因而在实践做法上要求域外大国及国际社会用更加尊重现实和政治民主的政策，区别对待发生在非洲大陆的危机事态（军事政变、局部战争和残杀骚乱等)，包括协助进行必要的强制干预与道义谴责。这方面，一些非洲智库与学者公开或私下里对中国提出了“更高要求”，即支持非洲多数国家及公众的愿望，支持宪法、支持良政，对于非民主、不尊重人权和腐败的行为加以约束和施加压力。尤其对于那些与国际道义格格不入的专制政权及当权者，很多非洲媒体呼吁中国政府不要提供经济的、外交的和军事的援助或支持，不要单纯以经济利益确定双边的关系与合作。

其次，非洲联盟及各个次区域组织，呈现出更加活跃介入本地区事务的愿望与决心，也给中国传统的不干涉内政原则以新的冲击。在2012年7月北京召开的中非第五次部长级会议上，中国政府有关加大力度支持非洲整体维护本地区安全与稳定的能力的倡议，受到各方广泛的关注与多数好评，也在同年年底埃塞俄比亚召开的第二届中非高层智库会议上得到积极响应。据我本人参加这次智库会议的感受，非洲同行中多数都强烈希望，中国方面可以灵活多样和务实有效的方式，参与非洲新时期区域性治理和发展的进程。确实，世界各个区域一体化趋势在加快，非洲也不例外；中国如果想赢得更多朋友与战略合作的机会，在这个大陆上也要学会与非盟等机构合作，适当加大对于非洲进步（或落后）的不同

2012年，中非第二届高层智库会议在亚的斯亚贝巴召开

资料来源：http://ias.zjnu.cn/show.php? id=2341。

层面的支持（或否定），适度参与非洲维系和平能力建设、安全调解过程推动以及军事自主性建设的过程，而这一切均可归纳到新的建设性参与、创造性介入、合作性接触的范畴，是对中国一向坚持的不干涉原则的提升与丰富，是对非洲国家主权与民族自立立场的更好尊重，是对非洲多数国家和人民之根本利益的一种与时俱进的帮助。

从全球政治和国际关系层面考虑，非洲整体的发展确已处在新的十字路口，非洲在世界舞台上的立足有了不同以往的基石，因而促使我方对新阶段中非关系的塑造必须有新的紧迫感与能量。其一，虽然非洲大陆最近这些年的经济发展有大的起色，在世界银行、国际货币基金组织以及其他一些大的国际评级机构中的报告中均给予非洲积极评价，但非洲国家依然困于资金不足、管理经验和专业技术不够等瓶颈，需要域外大国和国际组织提供持续的援助。在这方面，西方发达国家由于自身金融危机和社会矛盾激增而无法像前些年那样承诺外援，已有的合约经常是望梅止渴、口惠而实不至，很多非洲国家政府转而对于中国的介入和“接棒”有很高的期待。其二，在和平与安全领域，尽管非洲大陆远较从前更加稳定有序，解决自身动荡与危机的办法也更有成效，但大体上分析这个地区还存在“南安北乱”等内部不均衡、不确定的政治和安全局势，可以说是全球格局里相对缺乏可持续安全保障的一块。对此，国际社会特别是联合国系统及各种大国战略对话机制上均感受到各种期待和压力，中国作为负责任全球大国的介入，既有以往不曾有的挑战，也有大的作用机会。简言之，将来的历史也许会证明，正是在欧美日发达国家普遍乏力和出现赤字、传统资本主义现代化模式吸引力不断下降的这段时期，中国等非西方大国的崛起不止带动了东西方关系的权势转移，也加快了南南关系的又一轮良性互动。中国充分利用全球化进程，获得了巨大的利益与机遇，也有责任回报国际社会，为维护世界和平与发展的格局，同时也是为了自身的可持续成长做出应有贡献。这是权利与义务之间相辅相成的不可分割性。有中国特色的全球治理之理念和做法的推出，以及对传统不干涉原则的创新，恰逢其时、应运而生。

2. 中国近年来对非工作实践中的创新

常常听到一种担心或疑惑的看法，即中国更加积极地介入全球事务，包括在一些热点地区加大调解力度，会不会把自己卷入到不必要的冲突漩涡中去？会不会重蹈西方一些国家的覆辙，以致引起当地人的反感甚至憎恨？会不会与我们一向珍惜和努力维护的和平共处五项原则自相矛盾，造成中国外交思想和实践中的混乱？

我以为，这类担忧不仅是可以理解的，应当给予回应。它们的存在与争论，有助于提醒我们的决策部门和理论工作者，在参与必要的全球治理和增强中国国际介入力度的场合，必须牢记合作发展、互利共赢等对外交往理念，必须谨慎地处理涉及他国主权、尊严和其他权益的事宜，必须继承和发扬中国以往被证明行之成效的良好做法及思路。事实上，我们国家过去这些年在外交、军事和商务的大量实践，走在理论工作者的前面，大大超越了传统框框的限制，给我们学界的创新提供了源源不断的案例。

从外交角度观察。中国外交部门及其特使，一向主张以和平方式而非暴力手段解决各种复杂的、长久的争端，哪怕是再困难的情景也要坚持争取谈判优先、对话至上、以和为贵的选项；中国人的耐心细致在各国外交界久负盛名，从周恩来到很多新一代外交家都具有这方面的优秀品格，连使用经济贸易的惩罚手段时中国政府都小心翼翼，而且通常会对不得已的制裁方式（比如在联合国安理会的决议要求下）给予专门的说明。这种细心与忍耐的态度，使得即使是受到批评和惩戒的一方也比较容忍中国人的态度。中国外交官在各种正式与非正式场合，当遇到非洲国家内部有矛盾有分歧甚至有冲突危险的时候，始终从维护非洲国家的整体利益出发，从避免非洲兄弟自相争斗乃至残杀的角度考虑，一向坚持“谈判优先”、“和为上与和为贵”、“对话比对抗强”的指导原则，努力帮助和争取实现危急情势的“软着陆”。中国外交部门及联合国代表在调停埃塞俄比亚与厄立特里亚争端中的表现即为一例。这里面，最典型的莫过于中国最近十年在苏丹危机上所开展的调解行动，它不仅卓有成效地为这个国家的稳定和发展提供了大量帮助，而且为中国在非洲大陆其他地区的类似举措提供了有益启迪；中国的斡旋努力，还伴随着中国工程师和石油队伍对这个拥有丰富石油资源的国家的经济援助和人力资本积累，从而让非洲北部这个原本最贫困的国家开始有了成长的活力。这一点与西方干预方式及其理念有本质的区别。

中国维和女军人走进非洲

资料来源：http://www. china-woman. com/rp/main? fid = open&fun = show_news&from = view&nid = 29847。

中国军人在非洲执行国际安全使命时也是如此。过去20多年，中国在联合国维持和平行动的框架下面，执行了多个重要的非洲维和使命，迄今为止收到了极佳的评估。究其原因，中国军人不仅纪律严明，遵守当地风俗习惯，忠实履行联合国方面交给的任务，而且中国军队从一开始就没有直接卷入当地的武装冲突，没有派遣作战部队支持一方打压另一方（这在法国等西方列强那里却是惯常做法）；相反，中国维和士兵及军事观察员始终保持中立立场，中国派遣的军人更多具有工兵和后勤保障方面的性质，中国政府选择维和的时机多半是在战后重建过程，中国军人过去没有理由，将来也不会直接与非洲国家内战的任何一方直接交火。这一点，是中国加大介入力度却不致引发当地人反弹的基本保证。中国在联合国维持和平框架下为一些非洲战乱国家和地区提供的维和部队，从来没有在军事上直接打压任何非洲国家的内政一方，却始终坚持为介入的对象提供力所能及的监督停火、协助对话、战后重建、安抚民心等帮助，从而赢得最守纪律、最能建设、最尊重当地风习的外国军人的美誉。在冷战以来的20年，中国作为一个负责任的联合国安理会常任理事国，在非洲大陆这方面的纪录无懈可击，可以说是任何别的常任理事国无法比拟的。

中国与一些西方大国不同，很少把调解介入的过程及手段的选择，赤裸裸地同本国的狭隘经贸和战略利益挂钩。中国即便是与有关国家有经贸方面的合作，处理安全事务依然秉承公正、合理、符合国际决议也适合当事国国情并尊重当地人多数的原则。试看中国特使在苏丹多年始终如一的和平调解努力，中国外交官在阿拉伯国家及中东地区的类似尝试，就不难懂得中国举措与有关国家和地区根本利益的一致。中国财政部和商务部等部门在这些年中，不仅在非洲援助了大量基础设施和贷款援助，帮助非洲国家实现经济上的发展和缓解财政上的困难，而且根据中央统一部署和要求，对于团中央的青年志愿者项目、卫生部的援非医疗队项目、农业部的示范工程以及中国军队的维和部队在非洲的存在提供了财政上的保障与指导，为中国新时期在非洲大陆的总体布局做了后勤保障和战略支撑。①

在很多非洲人眼中，中国政府在非洲的开发性经济援助，很明显有别于以往列强的对非援助方式。后者往往在实施经济或金融援助之前，先提出标准过高有时甚至是严苛的政治、生态、人权等方面的要求，比如要求实行西方认可后和监督下的选举式民主，要求实施的项目先做大量的、当地人闻所未闻的环评工作，要求对于劳工待遇与国际标准挂钩等等。这些听上去也不是没有道理，尤其在世界不断进步、迈向更高阶段的今日；但是，任何有积极性的外部做法与制度，如果不适合当地特点，只会水土不服乃至失效。这也是为何一些来自西方的经济援助最终无果而终的原因。反观中国的援助，很少提政治条件，在生态、人权方面的规定也显得宽松灵活；中国人更加注

非洲国家农作物种子生产技术培训班
资料来源：http://www.natesc.gov.cn/html/2007-11-7/2_29333_2007-11-7_41453.html。

① 可参见李安山：《中国援外医疗队的历史、规模及影响》，《外交评论》2009年第1期，第25—45页。

重经济投入的实效和日常看得见的生活改善，中国工人和项目经理经常身体力行、勤奋而快捷。这并非说中国的援助没有弱点和需要改进之处，但很显然，对于渴望实现最基本的温饱和提高 GDP 的很多非洲国家，中国的开发性援助更加实用、便利和低成本。

在全球化与国际治理的新形势新要求日益迫切的环境下，中国加大参与和平调解、安全对话、冲突解决、社会经济重建的过程，其性质也符合中国传统上倡导的和平共处五项原则的基本精神，那就是：以中国的调解声音和自身资源，在充分尊重当事国人民和多数政治派别的前提下，帮助有关国家增强自主决定发展方向的能力，相信非洲国家和人民自己能够找到最合适的方向与办法，反对任何外力强行更改这些主权国家的政权，尤其反对以外部军事打压和侵略占领的办法剥夺受打压一方的政治权利和安全能力。

诸如此类的事例，还可以找出许多，它们从不同侧面折射出中国的大国意识，说明具体部门的实践走在学术界的前面。

三、探索和创新的若干路径

关于不干涉原则创新的具体路径[1]，在此做一些初步的探讨：

1. 援助非洲整体维和能力

2012年7月召开的第五次中非部长级北京会议上，我国领导人提出，今后一段时期，中国将为增强非洲国家整体上维护自身安全与稳定的能力提供必要支持。如胡锦涛指出的那样：中国将帮助促进非洲和平稳定，为非洲发展创造安全环境；中国将发起"中非和平安全合作伙伴倡议"，深化同非盟和非洲国家在非洲和平安全领域的合作，为非盟在非开展维和行动、常备军建设等提供资金支持，增加为非盟培训和平安全事务官员与维和人员数量。[2]

这是一项新的重大倡议，但它只有初步线索，缺乏系统说明。中国提供的这类安全能力建设方面的支持

---

① 国内现有研究只是初步探讨了这方面的"轮廓"。可参见中国外交部非洲司编：《中非联合研究交流计划——2011年课题研究报告选编》，世界知识出版社2012年版。

② 见胡锦涛在中非合作论坛第五届部长级会议开幕式上的讲话，新华网2012年7月19日报道。

（资助），主要表现在哪些方面？如何帮助非盟的维和行动，资助非盟常备军的建设？非盟（或非洲）的“常备军”具体指什么？过去这些年，我们与非洲国家间已有一些合作形态，如为联合国维持和平行动（包括维和部队和军事观察员两类）派遣兵员，中国在安理会为维护非洲安全与缓解冲突做了大量努力，中国海军和特种部队在非洲东部海域（索马里一带）实施了针对海盗的巡航，中国特使在苏丹进行了艰苦卓绝的调解，中国对非洲之角各国消解索马里内战所做的努力提供了财政援助，中国援建了位于埃塞俄比亚首都的非盟总部大厦，中国公安部门及下属院校为非洲一些国家的警察做了多次培训，中国国防大学防务学院定期培养非洲国家军官等。这些方式无疑起了重要作用，为增强非洲和平与稳定作了贡献，也得到联合国和非洲国家的好评。

现在需要讨论的是，这些形态及项目里还存在什么不足，需要做出什么样的加强与改进。首先，我认为需要对已有工作进行全面细致的评估。加大对非洲的整体安全能力建设方面的支持，不能盲目上项目、增资金，而应当有针对性地做出安排。其次，须对这一工作在中国全球战略中的分量加以探讨。突出的问题是：中国在非洲的军事和安全援助，需要国防和军事现代化布局上做出哪些资源调度与配置？中国在非洲加大这方面的投入及力度，会不会与美军非洲司令部产生战略摩擦？又如何防范和预警？这方面军事与外交部门需要加强沟通协调。还有，对非总体安全能力的援助，与对非基础设施方面的援助及布局有何关联，怎样互补，也是需要思考的问题。过去十多年间，我们国家在经济基础设施方面的投入巨大、优势明显，利用好先期投入，有助于事半功倍地开展安全合作。最核心一个问题是，中国在非洲的安全援助，如何既有效地帮助非洲多数国家，又巧妙有效地照顾到我国不同群体在这一地区的能源资源开发、商品市场拓展、海上通道安全及人员财产保护、增强中国外交发言权等多重目标？这里面战略层次丰富而复杂，博弈技巧难度高但机遇多，对于新时期中国决策部门和研究界有需求也有压力，必须统筹考虑。

2. 安全援助项目的增设

众所周知，国际上有些国家与势力正在议论所谓“中国在非洲建立军事基地”的话题，国内也不时见到类似的提议。所涉及的一个证据是，近年来，中国海军三大舰队建立了轮换机制，定期派遣各自的舰队，到非洲东部水域，像其他重要国家的海军一样，执行维护海道畅通和阻击海盗等海上犯罪活动的使命。然而，与老牌欧美发达国家不同，中国在非洲各地没有自己的维修补给基地和港口设施，限制了海军船只的活动范围和舰艇战备的质量。可以说，约束了中国军队为非洲之角和平曙光重现做出贡献的能力。有关中国在非洲友好国家设立军事基地的讨论近年时有出现，然而，我所获得的信息是，多数非洲国家似乎对此并不太赞成，反而担心中国军事力量的到来，加剧世界大国军事机器在这一地区的争夺，危害非洲整体的利益；不少非洲国家只是希望中国加强财政方面的援助，帮助培训非洲的安全机构和军警，包括提供必要的手段与设施。

中国学者和智库应当考虑，针对上述情形，我们怎样适度介入，建设性地发展非洲的安全自主能力并从容创建中国在这一地区维护本国经贸、能源和海洋权益的有限军事存在架构？我的提议是，中方可与有关国家商议，在增信释疑、充分尊重的基础上，把原先在北京实施的、由中国国防大学主导的非洲军官培训项目，部分地移植到非洲本土开展；同时，选择少量“枢纽性”的友好国家，建立民用为主、舰队船只补给维修为辅的专用港口仓库设施，把这些设施部分地应用于军官和警官培训项目。在做这些事情的时候，一定注意不勉强推行、不张扬军事目标、不忘经济援助的原则。我相信，或迟或早，中国军队与非洲国家在这方面的合作将逐步开展起来和深入下去，它对于双方都有现实的利益和历史的必然性。因此，现在就开展早期的研讨和预备性的模拟推演是十分必要的。预计未来 5 到 10 年，中国一定会在非洲友好国家的帮助下，在互利共赢的基础上，依照自己的需求和方式，在非洲大陆的某个或周边地点，建立起有中国特色的军民两用的物质补给基地和后勤维修设施。它（们）不会是西方军事基地的重现，不会是新的战争发动地，不会轻易动用武力，不是恶化中非关系或导致中国与西方传统大国对抗的来源；相反，就像中国对非洲的开发性经济援助有别于欧美国家对非援助一样，中国安全援助及补给设施的建设，将成为新阶段中非友好互助的平台，成为非洲整体自主安全能力增强的杠杆，成为中国军事现代化既有利于自身保障，亦有助于他国和平稳定的证明。

3. 把区域组织和重要国家作为“抓手”

与在世界其他一些地区的经验教训相比较，不妨更多考虑非洲联盟以及非洲大陆存在的一些次区域组织或机制的作用，用具体的步骤与措施协助增强它们这方面的安全资源与统筹能力。二战之后欧洲的经历提示，无论是当年的华约还是现在的北约或欧盟防务机制，它们存在的一个共同点是，在政治信任和高层意志对接的前提下，在本区域范围建立和发展出某种集体安全的安排，保障区域内国家有事相互帮、有难共同担，防止外部不恰当干预造成内部紊乱失序，而且事实上保持了相当长时间的区域内和平与安宁。欧洲这方面的经验在冷战结束后逐渐推广开来，成为世界各地区仿效借鉴的样本。欧洲集体安全机制的启示之一，是具有核心发动机（如华约的苏联、北约的美国或欧盟的德法轴心）的推动，就是说主要大国的引导作用及其在关键时刻的危机处理不可或缺；另一个关键因素，是区域组织内部就安全目标、共同威胁、处理原则和方式达成共识，有一套逐渐形成的复杂规则与机制。

从中国对非关系的现实观察，欧洲经验的启示在于，我们也许可以从协助非洲一些大国（如南非、埃及、尼日利亚、埃塞俄比亚等），在非盟发挥维稳作用的立场出发，以这类非洲安全平台做文章，如资助安全人才的培训、提供非盟维稳的机器设备等；同时，促进非洲联盟各国在确立维系和平的日程与优先目标上达成最低限度的一致，为这种共识提供必要的技术援助和资金帮助。

最近几年非洲的故事也教会世人，非盟的安全功能发挥尽管处于较初级发展阶段，存在这样那样不尽如人意之处（如效率不高、公信力不够、主要大国的协调性不强等），它毕竟代表着一种整体性的合法性与较符合国际安全组织标准的前景，它的一些具体做法也得到越来越广泛的道义同情与声援。[①] 因此，通过非盟实现中国在非洲安全与稳定自主能力方面的介入，比较符合多数非洲国家的利益，在国际社会也容易得到理解和承认。在当下阶段，我们对于非盟安全能力的协助要有针对性，因事制宜、因地制宜、因时制宜，不可养成简单的财政上依赖与被依赖关系[②]，不可替代它自身协调力、组织力和决断力及人才培养等基础性建设的工作。总之，近期我国政府在对非关系上倡导的加快帮助非洲人才培养和人力资本建设的方针，不妨把一部分资金用于对非盟安

---

① 中国学界有关非洲联盟的讨论，可参见罗建波：《通向复兴之路——非盟与非洲一体化研究》，中国社会科学出版社 2010 年版。

② 历史上中国援建的坦赞铁路，曾造就中非政治关系的辉煌。但现实中评估，这一项目的维系却越来越困难，里面有大量值得吸取的教训，可为未来的中非战略伙伴关系所借鉴。早期的讨论，可参见〔美〕于子桥：《坦桑尼亚–赞比亚铁路——中国对非经济援助个案研究》，载北京大学非洲研究中心编：《中国与非洲》，北京大学出版社 2000 年版，第 274—301 页。至于最新的情况与数据，可参见陈晓晨：《中国，拿坦赞铁路怎么办》，《世界知识》2012 年第 21 期，第 50—59 页。

全机制的培育上。

4. 适度调整不结盟政策

上面的讨论，涉及中国对外战略的一个新问题，即是否需要适当调整传统的不结盟原则，把建立不同层次的战略伙伴及朋友的目标提上议事日程。

中国在过去的30多年间，也即改革开放以来的这段时期，始终奉行不结盟的原则，形成了广为人知的独立自主与和平发展的外交方针。这一长期坚持的方针原则，有它的历史成因和重大作用。新中国建国初期，由于各方面的原因，中国曾实行对外政策“一边倒”的方针，与世界上第一个社会主义国家苏联结成了同盟关系。20世纪60年代，中苏关系破裂，中苏同盟也因此而消解。70年代初尼克松访华以及中美交往的开启，使这两个社会制度、意识形态完全不同的国家，建立了针对“苏联威胁”的特殊关系（外界经常称之为“准同盟关系”）。到了70年代末80年代初，中国进入了改革开放的全新时代，国际形势和内部变化都要求对以往的内外方针做出反思和调整。正是在这种背景下，中国改革开放的总设计师邓小平提出了“不结盟”的重大思想。其要点是：中国不参加任何军事同盟和集团，不同任何国家或集团结成针对第三方的同盟关系；中国愿意在和平共处五项原则的基础上，与世界上所有国家建立和发展关系；中国自身属于第三世界，应当加强与第三世界的联系，支持一切被压迫民族的解放斗争和正义事业，反对霸权主义，维护世界和平；中国奉行的不结盟的对外方针，也是为维护自身利益和发展所建立的既有原则性又有灵活性的务实立场。邓小平强调：中国的对外政策是独立自主的，同任何国家都没有结盟的关系，是“真正的不结盟”。应当说，这种不结盟的原则，反映出邓小平敏锐的时代眼光和战略胆魄，适应了内外需要，为新时期中国的外交奠定了一块重要基石。正是有了这一原则的指引，80年代以来的中国对外方针，始终高举独立自主、和平合作、互利共赢的大旗，全方位拓展了与世界不同地区、不同社会制度和意识形态的各个国家的友好交往关系，营造出有利于国内改革与建设的良好外部氛围。

首先，这种不结盟原则，帮助中国在亚非拉世界结交了一大批友好国家，它们既不依附西方阵营或苏联阵营，也不愿对抗这两大集团，而中国的新立场使它们有了一个重要的朋友。其次，它使得世界上一些强大国家和集团意识到，中国是不可能被简单拉拢和结盟的，这是一个有古老文明也有新的觉醒意识的东方大国，是不可忽略的独立力量极。再次，中国的这种原则方针并非僵化不变，而是有着相当的灵活性与务实性，与邓小平总体的改革开放方针和务实精神是一致的、对接的，它使得中国在国际范围被公认是善结缘、不树敌的一个大国。

应当指出，中国并非孤立地奉行这一政策，同样坚持不结盟立场的，还有一大批国家。其中最著名的是不结盟运动。它是一个拥有 115 个成员国的松散的国际组织，成立于冷战时期，其成员国奉行独立自主、不与美苏两个超级大国中的任何一个结盟的外交政策。联合国中三分之二的会员是该组织的成员国，全球人口的 55% 也生活在不结盟运动国家。不结盟运动定期举行首脑会议，到 2006 年为止已经在前南斯拉夫、埃及、赞比亚、阿尔及利亚、斯里兰卡、古巴、印度、津巴布韦、印度尼西亚、哥伦比亚、南非和马来

不结盟运动五位发起人合影，从左至右分别为：印度总理尼赫鲁、加纳总统恩克鲁玛、埃及总统纳赛尔、印度尼西亚总统苏加诺、南斯拉夫总统铁托

资料来源：http://xueke.maboshi.net/ls/lsjt/15283.html。

西亚等国举行了14次会议。非洲联盟、阿拉伯国家联盟和联合国是观察员组织。参加不结盟国家会议的5个条件是：(1)奉行以和平共处和不结盟为基础的独立的外交政策；(2)支持民族独立运动；(3)不参加大国军事同盟；(4)不与大国缔结双边军事协定；(5)不向外国提供军事基地。不结盟运动的开展，成为第三世界崛起的、自万隆会议后的第二个划时代的里程碑。它的历史背景是，第二次世界大战后，一些民族独立国家为摆脱大国控制，避免卷入大国争斗，维护国家主权和独立，发展民族经济，采取了和平、中立和不结盟的对外政策。不结盟运动反映了第三世界国家人民要求掌握自己的命运，维护和平、致力发展的历史潮流，因而具有强大的生命力，在国际舞台上发挥了重要作用。中国虽不是不结盟运动的成员，但始终与不结盟运动保持着密切联系，在各种场合给予这个代表广大发展中国家的国际组织以坚定的、全面的支持。一定意义上讲，邓小平所制订、中国改革开放以来所长期奉行的不结盟政策，不仅是中国自身外交传统的继承，更折射出与广大发展中国家同呼吸、共命运的身份认同，适合冷战时期美苏全球对峙对抗最严峻的特殊环境，是一种审时度势、趋利避害的外交策略。

今天，人类已进入新世纪。国际国内形势较从前出现了重大变化。一方面，国际范围新旧力量的争夺和交替进程加快，一批非西方新兴大国快速崛起，老牌的资本主义强国面临许多麻烦和问题，全球化、信息革命和非传统安全现象等，以前所未有的方式展示了新时期国际关系下机遇与挑战并存的复杂性；另一方面，中国经过几十年的改革发展和全面建设，综合国力和战略思维均大大提高，不仅经济、贸易、金融、军事各方面的硬实力得到加强，而且自信心和应对国际局势的本领亦远胜从前，加上海外利益的不断增长和国际责任及权利的不断扩大，中国人有更多的理由和能力参与影响新时期的世界政治，创造性地介入国际安全格局下一轮的塑造。在国家安全形势日益复杂的条件下，依照新的情况和自身需求及实力，审视和再造不结盟原则的问题，变得越来越迫切和重要。这绝非意味着完全放弃不结盟方针，而是说有针对性地适度微调，对之创造性地加以丰富发展。比如说，首先，可以在坚持不与任何国家和集团建立军事联盟的前提下，应认真考虑建立各类国家“朋友”与区域战略支点的全球布局。其次，在此基础上，不妨加大对于有战略价值的各个伙伴国（和各种国际组织）的投入，加大对存在重大潜在威胁的目标对象（国家或集团）的防范与约束。第三，根据国内未来一段时期的能源需求、外贸扩展需要、金融风险防范目标等提示和线索，应考虑在外交和国际战略舞台上建立实施合纵连横的特殊手段，建立多重性的预警机制和分层次的（如周边、本地区、其他大陆、全球性的）战略疆域。在国际政治和安全词典中，狭义的“结盟”是我们既往反对的那种寻求建立国家间军事同盟，尤其是霸权支配下的压制性军事集团等等做法。而广义上的“结盟”，则不妨理解成梳理区分潜在的“敌”、“我”、“友”，在国家利益基础上，用分化或结交不同方式，统筹应对复杂机遇与挑战的战略规划及行动；广义的结盟也是一种战略分类方式，是新阶段上中国外交及战略规划部门应当予以评估、适当应用的。

5. 提高援助效率，纠正腐败现象

众所周知，最近这十年间，中国政府对非洲的援助力度大为增加。例如，中国国家开发银行在非洲的贷款可能是非洲域外大国里提供最多的银行之一，中国各大公司和企业在非洲开发的合作项目及工程超过了传统西方列强同一时期援建的数目，中国援建的非盟总部是非洲最现代化的会议大厦，中国维和部队修建的道路、学校、医院和港口设施是联合国维和部队里这方面贡献最多的一支部队，等等。这方面的数字与情况若列举起来还有许多，这里就不展开说了。然而，根据非洲许多民间团体、智库的说法和一些当地报纸的披露，中国庞大的援助费用中，有一些被某些非洲国家的权贵阶层不恰当利用，有一些成为当地官员和腐败分子谋取私利的“蛋糕”，有一些成为管理不当、效率不高、当事国民众获益甚少的烂尾工程。实在地说，各国对非援助（包括西方大国的援助）都程度不同地存在类似问题，并非只是中国的援助有被滥用和非法侵占的现象。但是，值得警惕的是，现在西方一些媒体借此大肆炒作和指责，非洲一些公众与知识分子也有不满，这方面有增多的趋势和恶化的势头，不能不引起我方的高度重视。这里面，除开歪曲片面和不了解实情的因素外，我们国内一些不良风气的扩散及管理合作项目中的不规范和毛病，也难辞其咎。

因此，要有两类处置与改进办法。首先，对非洲的有关国家、有关事情，我方不宜采取息事宁人的办法，不能因为要维护双边关系的友好而不予过问甚至必要的追究，不能顾及以往所说的不过问、不介入他国内部事务的政策而没有任何修正、完善和改过的措施。那样的话，不仅中国公众的血汗钱和中国政府的形象会受到更大损失，非洲公众特别是知识分子和媒体也会越来越不重视中国的援助，归根到底中非友好互利、相互信任关系的基础也会受到削弱。由此考虑，我认为，应当认真研究增强中国援助的效率，提高在当地的透明度，预防严重“寻租”行为的制度性安排，并与非洲合作伙伴严肃细致地对话讨论其可行性和具体步骤。这绝非干涉他国内政，更不是替代别人建立监管体制，而是促进双方合作质量的提升、增进非洲民众及舆论对中国援助的信任度的重要举措。其次，也要认真汲取教训，仔细察看、深刻检查和改进国内赴非实施项目过程中存在的问题，纠正乃至严惩相互间不恰当的利益输送和互利、损公肥私换取个人或公司好处的行为。党的十八大以来，新一届领导人在这方面有更加严格的要求，国内公众和各方面也有强烈的呼声，因此，建议有关部门在对非工作和指导原则上按照新的风气办事，加大对涉我不良事端的曝光和查处。说到底，严格按照合同精神办事，是符合非洲国家和中国的根本利益的。我们在任何情况下都应记取政治学的一个原理：不受约束和监督的权力（及好处）容易带来腐败，绝对的权力（好处）将造成绝对的腐败。

6. 建立基座宽、层次多的援外机制

有一个问题值得探讨，即如何使我们国家对非援助及执行落实（包括一定程度的监理）的过程，从政府主导的相对单一的路径，扩展为社会多个方面及层次广泛持续参与的多路径，从国家和政府层面的“小援外”概念变成社会力量乃至海外华人参与的“大援外”范畴。[①] 这也是中国外交创造性介入的办法之一，是在新形势下创新不干涉原则的一个突破点，也是解决近期双边关系中某些问题的一个有效补充。不能不承认，在过去很长一段时间里，中国在非洲的存在（包括援助与合作），基本上是国家行为体的作用，特别是表现为中央政府的规划、引导、参与（及各种后果及责任的承担），其中外交部、商务部、财政部、农业部、卫生部和国防部担当了

---

① “大援外”这个概念来自商务部副部长李金早博士。作为主管商务部援外工作的领导，他强调：过去商务部门在中央部署下规划实施的援外，是一种有一定局限性的“小援外”，随着形势的发展和中国的进步，今后应当提出和发展“大援外”的范畴，即把从中央到地方、从官方到民间乃至国外华人共同参与实施的中国对外援助项目和方式，统统纳入其中；其目标是充分调动中华民族所有地域、所有成员的积极性，更好地建设新时期中国与外部世界的关系。我非常欣赏和认同他的这一思想。它反映出目前相关部门的某些新思维，是来自实践的智慧，值得学界同仁琢磨。

主角。这种国家体制具有非凡的力量，在推动国家与国家之间的重大项目谈判与合作方面，在赶超传统西方大国在非洲的影响方面，在指导、整合中国如此巨大规模国家的各地方政府和各方努力方面，有着不可替代的重要意义和积极作用。

然而，事情往往都有正负两个方面：国家承担得越多，个人的责任感可能越有限；政府包揽了事无巨细的方方面面，社会的积极性与想象力便无从发挥。政府越是大包大揽，企业和个人越容易产生依赖心理，甚至想打“擦边球”，钻法律及合同的漏洞。

从新世纪以来的十多年中非关系的实践观察，一方面我们国家在非洲大陆有更多的贷款、项目，签了更多的合同；另一方面，实际承担和参与的角色日益多样化多元化，中央/地方、政府/民间、商界/学界、集体/私人、工青妇文教卫乃至NGO等行为体，可以说蜂拥而至，层次良莠不齐。新的局面既带动了中非经贸总量和人员往来的迅速扩大，又产生了令人头疼的麻烦与争执（如非法移民、非法打工、合同违规、项目破产、劳务纠纷等），给中非政治合作和战略伙伴关系造成一些困扰和冲击。

中国近年来的政治实践教会我们，社会及个人的责任感与政治体制赋予的权利是对等的，当他们有更大的参与机会和发言权力时，自然也会产生更多的义务意识与自我约束态度，对其行为有更加细致、更加有效的自查与改善方式。应当让企业和个人同时承担更大的责任与义务，也会使之学会国际从业的更高本领与视野，提高企业及个人的品质。在我们国家的对非交往上，应当从国内政治的发展中获得启迪，给予各种非国家、非政府行为体更多的机遇、权利和责任，避免凡事由政府部门说了算、出了问题均要国家兜着的局面。实际上，非洲国家越来越与国际社会的多数成员一样，经过几十年的政治发展和社会建设，那里的人们对于腐败现象、政治独裁问题和社会不良行为有了更加清醒的认知，也希望在与中国的交往及合作中更加注重合法合理、民主民权、社会参与的原则，希望中方更加了解和尊重非洲民间、社会及舆论在这方面的进步与增长的呼声。当中国的对非援助及创造性介入，逐渐从“小援外”（单一形态）向“大援外”（国家/社会的复杂形态）转变，对于中非关系里前面提到的一些难题，会有更多综合性、灵活性的解决办法。用一个形象的说法，努力使“国家变小点、社会变大点”，实现更加巧妙多样的援助手段与方式，最终建立起底座宽大、层次丰富、政府规划引导、社会广泛参与的中国对外援助“金字塔”。

7. 保持思想认识的与时俱进

2012年7月，在北京召开的中非合作论坛第五届部长级会议上，胡锦涛发表了《开创中非新型战略伙伴关系新局面》的重要讲话。我认为，理解中国领导人这一重要讲话精神的关键，是如何解读中非新型战略伙伴关系"新局面"的提法，赋于更加丰富和有前瞻性的内涵来加以充实。人们可以从经贸、文化、社会以及国际关系的不同角度增进对这一重大战略伙伴关系的认识。从外交研究的立场出发，可以看到如下几点推进认知的途径：

首先，中非新型战略伙伴关系与中国与其他地区、其他大国之间建立的战略伙伴关系有所不同，它是在历史上同受西方列强支配和压迫，后来同样走上独立自主道路的两大洲民族（国家），探寻建立在新世纪合作互利、共同崛起之方向的一种命运共同体；无论有多少曲折艰难和分歧差异，中非之间不存在根本利害的冲突，不会对于国际格局的改革方向与目标产生根本的对立。这是重中之重，是大局中的大局，任何时候都不应忘却和迷失。

其次，过去这些年，尤其是双方高层确立推动建立中非新型战略合作伙伴关系的六七年间，中非在经贸和文化领域的合作交流发展得极为迅猛，取得了可喜的成效；但相对而言，战略层面和国际关系领域的沟通与协作略显滞后，合作的水平与广度不太理想。比方说，虽然中国各层的政府部门有意愿，但在实际进程里有关“联合国改革”、“应对气候变化”、“世贸组织多哈回合谈判”、“人权与主权关系再定义”、“如何履行保护的责任”、“促进国际关系民主化”、“提升非洲大陆整体上维系自身和平与稳定的自主性能力”这样一些全球重大议题上的沟通，并未取得广泛的共识，有些甚至存在不小的歧见。经济贸易与政治安全各领域间的发展不平衡、务实进展与战略意识的对接不够，仍然是值得认真改进和反思的问题。再次，国内一些媒体和学者乃至官员，仍然停留在冷战时代甚至此前有关非洲事务的想象上，仍然把毛泽东时代关于非洲国家反帝反殖的一些提法及认知挂在嘴边，仍然以我国国内对于某些不良现象（如腐败）的低标准定义和处理方法来构想对方，忘记了近20年非洲在政治发展和民主化、反对专制方面的进步①，忽略了非洲很多国家特别是知识界对于“自由”、“民主”、“人权”、“良治”、“不干涉”、“公民社

① 有关非洲近年间民间组织社团的情况及其对中非关系的影响，可参见刘鸿武、沈蓓莉主编：《非洲非政府组织与中非关系》，世界知识出版社2009年版。

会”、“非政府组织”等概念的重新解读①，以致中非学者、智库、媒体的相关研讨中常常出现分歧和争执，超乎一些中国学者的意料。

必须承认，在我们一些学者和官员那里，仍然停留在冷战思维中，把某些本来是全球通用、反映时代进步特点的概念，简单地视为西方的意识形态工具和实施对他国强力干涉的口实，却没有注意到国内政治学界及政治高层对它们的认真研讨和重新解释②，忽略了“他山之石”为我所用的机遇，任由西方执掌本是普世价值、本可创造性地用于各地各国实践的道义旗帜。例如，根据最新的研究，“自由”与“人权”在包括中国在内的许多非西方新兴大国那里，首先体现为对广大人民生存发

---

① 一位非洲著名学者的作品《援助的死亡》，值得一读。这部作品里面既分析了各种外援的局限，也比较客观地评价了中国与西方大国对非援助的差异，赞扬中国的做法，尤其是站在非洲自身角度深入探讨了何种援助才能奏效的问题。见〔赞比亚〕丹比萨·莫约：《援助的死亡》，王涛等译、刘鸿武审校，世界知识出版社2010年版。

② 例如，可参见下述文献——赵可金：《全球公民社会与民族国家》，上海三联书店2008年版；李景鹏：《中国公民社会成长中的若干问题》，《社会科学》2012年第1期；高丙中：《“公民社会”概念与中国现实》，《思想战线》2012年第9期；应奇、佘天泽：《从民族认同到公民身份——现代民族国家的社会整合与多元稳定》，转引自《江苏行政学院学报》2012年第2期；程同顺、张国军：《民主的回归——从选举民主到过程民主》，《探索》2012年第1期。

展需求的高度尊重与不断满足，体现为这些后发国家摆脱传统枷锁和选择自主发展的权利，而不单纯是早期西式的政治权利范畴；“民主”既包括国内各种政治权力的有效制衡，也应当包含国际主要力量在决定世界事务上的均衡结构，包括内部社会及民间自发的各种表达过程（中国改革开放以来这方面就有得到广泛认可的丰富实践与经验）；而“良治”这一在20世纪后期才逐渐普及的国际政治词汇，更具有对广大发展中国家和发达国家一道治理地区和全球事务、共同参与国际危机与难题解决的多层次界定。此处我想特别强调的一点是，面对开拓中非新型战略伙伴关系的新局面的重大要求与机遇，中国学者和智库不应拘泥旧式教科书和意识形态的教条式解释，而要解放思想，结合国内各方面对于新阶段改革攻坚战的全新思维与高层布局，积极应对国际上和非洲大陆最新的动向与思想状况，为相关外交和政治战略做出前瞻性的分析。①

---

① 北京大学国际关系学院刘海方副教授所说的“文化先行”，确实应当得到我方上上下下的重视。中国不能只以经贸交往和基础设施建设的优势见长，而要充分发挥中国人的智慧与思想之光，创造性、多方位地介入非洲事务。见刘海方：《文化先行——关于中国与非洲发展合作的文化思考》，载李安山、安春英、李忠人主编：《中非关系与当代世界》，中国非洲史研究会，2008年，第322—349页。

8. 使对非援助与国内新阶段的指针对接

我认为，有必要研究中国外交积极作为的新方位与中国内政均衡发展的新目标之间的联系，使我们今后一段时间在非洲大陆的创造性介入与国内改革发展的新趋势吻合。说到底，外交不仅为内政服务，它也是后者的延伸；什么样的内政就有什么样的外交。以新中国建立以来60多年的历史为参照系，中国同非洲整体的关系已经和正在经历三个不同的时期，它们之间既有联系，更有区别：第一阶段可以说是“毛泽东时代”，大体时间范围是建国头30年。中国对非洲交往的主题及主要内容，是在反帝反殖旗帜和共同诉求下建立某种准政治同盟的关系，以实现民族解放和政治上独立自主、摆脱西方列强枷锁的大目标。它与中国国内同一时期追求无产阶级专政条件下的继续革命、建立“纯而又纯”革命阶级政权的“左”倾方针是一脉相承的。中国近代的屈辱遭遇以及一盘散沙的政治弱势，形成了整个民族强烈的革命热情与需求，即使革命的阶段性目标实现、新中国建立之后它依然热度不减。毛泽东时代的伟大遗产，是使中国人民站立起来，即使再穷困也不向列强低头。但这一时代的负面效应，是“宁要社会主义的草也不要资本主义的苗”，提升政治独立性的同时却未顾及社稷民生。中国这一时期在非洲的政策也有此类双重特征，对坦赞铁路的援建就极具象征性，“只算政治账而不算经济账”。第二阶段是世界公认的“邓小平时代”，即20世纪70年代后期以来的30多年。在“面向现代化、面向世界、面向未来”的崭新口号下，在“不管白猫黑猫，捉到老鼠就是好猫”的实用主义哲学引导下，中国大地掀起了商品化、市场化的浪潮。这种新局面的好处是经济的活力被极大激发，整个民族的发展潜力不断转化为巨大的生产力和物质物品，而问题的一面则是各式各样的分化加剧，“资本至上风习”导致新的矛盾（如收入差别、地区差别、民族差别等）层出不穷，甚至有了“一俊遮百丑”的说法（不少批评者认为，在经济改革与发展大步前行的同时，政治改革、社会公正、民族关系再平衡的各种任务受到忽略）。这一时期中国在非洲的表现亦呈现矛盾的景观：一方面经贸市场与矿物能源方面的投入与项目飞速扩展，中国人表现出巨大的热情、能动性及相对优势；另一方面涌到这片自然资源丰饶大陆的各色人等素质参差不齐，举止作为好坏各半，国内有多少优点缺点，在非洲就有多少折射反映。必须承认，不止西方媒体用“新殖民主义”的帽子污蔑我们国家，相当多的非洲人也有这样那样的怀疑和非议。

在上述复杂局面下，第三阶段应运而生，而眼下正处在这个阶段的端始。我个人认为，新阶段国内发展与改革的主要目标，应当是在物质不断丰富的基础上实现再平衡，包括社会公平与经济活力的平衡，政治发展与经济发展的平衡，国内各个地域、各个民族成长进步的平衡等。新目标的实现需要政治的勇气与智慧，需要改革与开放的新攻坚战，其难度可想而知，但惟此中华民族才有摆脱各种危机拉扯下坠的机会。依此判断和推导，中国在新阶段对非洲的建设性努力和创造性介入，并非孤立的、偶然的外交体制自身创意，而是顺应时势并与内部变革方向一致的重大战略举措。它的内涵是，继承前两个阶段的优秀遗产，发扬中国与非洲国家在解放和进步道路上同呼吸、共命运的政治精神，发展中非之间在经济贸易领域互补、互助、互利的共赢格局，同时更加注重修正前两个时期的不足与缺点，把“硬援助”与“软援助”结合起来，把器物层面的建设合作与人力资本层面的共同培养结合起来，把国家的力量与社会的力量结合起来，把经贸方面的优点优势转化为人文、教育、科技、艺术等方面的学习欣赏与互补互助，把中国和非洲领导人之间的握手拥抱，扩大至亿万中非民众之心灵间的深度接触理解。

四、援外及公共产品的供应

分析至此，有必要对中国援外的种类和特点做一梳理和评估，看看我们在非洲有哪些投入和收效，“力度”如何，需要增加哪些“品种”，总体的布局怎样推进。

第一类是商务援外。这是中国当代对外援助里的第一大项，至少占到我对外援助资源总量的八成以上。商务援外指的是向外部有关国家和地区提供的经济贸易性质的支援，依据的多半是国际经济合同的标准，按照互利互惠的原则和市场买卖的尺度推进，典型如中国向非洲许多国家提供并参与建设的矿山油田、公路桥梁、学校医院、港口码头等基础设施。建国头 30 年，囿于国内经济条件和外部环境所限，中国对外部世界提供的商务援助相当有限。改革开放的头些年，如 20 世纪 80 年代，这方面的政策逐渐放开，各种路数渐渐探明；到了 90 年代之后，特别是进入新世纪以来，中国各部门、各级政府及至形形色色个人和公司“走出去”的热潮不断高涨，我们国家逐步成为非洲大陆最大的外部投资国、贸易对象和建设伙伴。这一势头与中国总体实力的增长，包括国民生产总值近年上升为世界第二位的进程，始终有一种正相关性。众所周知，中国对非商务援助的数额极其巨大，限于篇幅，有关数据就不一一列举了。毫无疑问，中国作为当代全球化进程最大的推动者和受益者之一，最突出、最引人注目的表现就体现在这个方向上。它也反映出中国人善于经营和勤劳吃苦的传统优势，折射出“开眼看世界”后大胆闯天下、不输任何大国的当代中华民族的巨大能量。

中国援建肯尼亚莫伊体育馆
（黄立志摄）

商务援外与一般市场交易当然有区别，尤其在贷款利率的优惠、项目合同的好处、时间长短的灵活诸方面，中国对非洲伙伴的投资与建设一直走在西方发达国家的前面，投标多半能胜出，项目往往先建成。本质上，商务援外与正常的国际买卖没有大的分别，比如它们都注重市场的投入产出性价比，看重具体的利润及投资回报时限。在过去30年间，中国的对外援助不仅帮助非洲国家开发了本土资源，加快了经济成长速度，改善了当地民众的生活水平，同时也收获了宝贵的能源资源、广阔的市场份额和持续不断的经贸合同，适应、适合了中国国内市场化和参与国际化最快一段时期的内在需求。任何客观的国际观察家和历史学者都会承认，中国是当代全球经济过程国家间最大的互利共赢关系伙伴之一。

然而，在看到优点多多的同时也应当承认问题的一面。我认为，主要的问题与市场的一般困境与难题是相似的，即商务援助计较经济回报的同时显得短视，过于计算和追求狭隘的经济贸易好处，因而不会自觉自愿地履行社会责任和国际义务（假使没有政治要求和国际压力的话，或者这种要求不够高、压力不够大）；功能上判断，这类援助的优势主要体现在具体的项目操作上，却缺乏长远战略的、全球总体的眼界。从实践观测，最近20年左右，商务部援外司具体规划和主导的中国商务对外援助，很难统筹各个部委尤其是外交和军方的对外援助行为及思路；不少时候，单一商务部门亦无法充分了解和驾驭中国这样一个巨型国家内部——包括各级政府和社会各界——极其复杂和层次多样的援外目标、积极性及巨大潜能。从我对国际范围的专业调研、同行交流和理论比较的角度看，实事求是地讲，中国对非洲的商务援助的长处和不足，均是当代新兴大国中最突出的、最受世界关注的；中国的开发性经贸援助一方面提供了非洲国家急需的、超过欧美传统列强提供数额的项目，与任何其他大国相比修造了更多的桥梁公路、港口码头、医院学校、工地仓库等等，另一方面也由于它的单一性、商业特质过重而受到广泛指责，其与国家政治目标和安全需求的脱节，与当地生态环境保护的联系不紧密、与社会组织及媒体沟通的不畅，都受到不断增多的批评。现在看来，建立更有统筹力的援外体制，适当改变商务援助比重过大的问题，应当提上决策部门的议事日程。

第二类是战略援外。这是中国对外援助的第二大项，尽管数量远少于商务援外，但仍占有重要的比重。所谓战略援外，包含了两种大的范畴：其一是基于意识形态目标或政治考虑提供的援助，前者如我国“文化大革命”时期向非洲有关国家援助的大型建设项目（最著名的如“坦赞铁路”），后者如改革开放前向一些社会主义国家（阿尔巴尼亚、越南、朝鲜等）提供的各类经济技术人才援助。这类援助随着中国改革开放进程的启动和深化而逐渐减少。其二是基于国防军事和国际安全考量，为周边邻国和国际上一些

坦赞铁路总部门口处悬挂的尼雷尔、毛泽东、卡翁达头像

（《第一财经》记者陈晓晨供图）

战略合作伙伴提供的带有军事合作性质或安全支持色彩的战略援助。这类援助的数量在最近几十年间逐渐增多，尤其是新世纪以降，来自各方面的需求大为增加。

大致梳理一下，这种具有名副其实“战略”特征的援助，主要包括以下形式与途径：（1）根据联合国要求派出的维持和平部队（或军事观察团）。从20世纪90年代初起，迄今为止的20年间，中国政府已向全球各个地点派遣了超过2万名中国军人和警察，非洲大陆是其中主要派出的一个方向。选择派遣的目标国经过精心选择，须与中国有特殊的利害关系，如对有关国家及相关地区在台湾问题上承认“一个中国”原则有重要帮助，或中国在相关国家有重大能源资源投资项目，或属于历史上始终与中国保持友好合作关系，或有全局性战略枢纽意义的国家或地区，如东帝汶、海地、科索沃、刚果（金）、利比里亚、黎巴嫩、苏丹达尔富尔地区等。（2）在中国举办的外国军官和警官培训项目，亚非国家的学员在里面占有较大比重。这里面最有名气的，数中国国防大学防务学院（即过去的“外国军官培训系”）在过去近20年间开展的对国外军官的培养计划（据说有六位参与过这个培养计划的军官后来成为非洲总统），中国公安大学以及浙江警察学院、云南警察学院、山东警察学院等中国各级警院近年实施的对外国警官（亚非拉地区为主）和港澳警方人士的交流培训项目（长到几个月甚至半年时间，短的十天半月左右）。具体数字目前很难看到精确统计，依我的估计，每年至少三五百人的规模。培训内容丰富多样，如讲解中国国防和军事现代化的方向及具体原则，参观相关军事设施和部队演练，学习中国社会发展和改革开放方面的知识，了解中国政治制度和指导思想的具体内容，就中国与各国军警及执法部门间的合作沟通方式进行研讨等。（3）中国依照国际法和军品贸易的惯例，对非洲和周边国家销售的各类武器和军事设备。与美俄欧武器贸易大国不同，我国在这方面起步较晚，不仅总量上无法与老牌军品贸易强国抗衡，且交易的结构与层次处于较低水平，例如更多的不是坦克飞机大炮类的大型武器和高科技装备，而是轻小武器及其配套装置或中初级的军事技术。一般而言，中国军品价钱比较公道合理，令亚非发展程度不高的国家较易购买和掌握使用。

撇开早期带有强烈意识形态色彩的内容不谈，中国现在的战略援外虽然相对有限（不管所占 GDP 的份额还是与发达国家的数量品种相比均是如此），它对于维护国际和平事业、增强联合国等多边机制的力量，对于增进中国的发言权及安全动议权，对中国与相关国家的合作，加快自身军事现代化的步伐和提高军队国际化的本领方面，都有不可轻视的积极作用。不过，也要承认，这里面存在这样那样的可改进之处。像前面有关部分已经提及的那样，比方说，中国仍然没有海外军事基地，甚至没有略为像样的自有性军事船舶补给维修设施；中国军队的国际法知识、外语水平和国际公关本领严重不足；我军在打击海盗及海上犯罪、撤退海外劳工方面的国际沟通与合作能力，与欧美发达国家的海军相比略逊一筹；中国军人虽然勤劳勇敢、不怕牺牲，却囿于各种因素，很难派出一线作战部队奔赴国外前线执行任务；我们的一些军事培训项目完全可以在（譬如说）非洲本土开展，却没有确定相应的战略支点和准盟友对象，这点与欧美国家形成鲜明反差；军品贸易方面更多是输出价值链较低端的硬件（如轻小武器及设备），而不是高附加值的军事产品、技术、劳务及条例（知识产权）。未来中国提供的战略外援，将在数量、质量、品种、所占比重诸方面有大的提高。动因之一是中国海外利益日益扩大提出的更大保障要求。动因之二是中国政府有关对非工作要加大安全援助、增进非洲大陆维护和平能力的重大倡议。动因之三来自中国外交及更高层更加努力介入国际治理和更加主动维护自身权益的积极有为的取向。最后一个动因是基于国际社会对中国力量（包括军事安全力量）承担更多国际责任、发挥建设性影响的强烈需求。

第三类是“大援外”形式。这类援外构成比较复杂，至今仍缺乏共识，目前在规模上距商务援外和战略援外相差很远，不过，从发展前景看，大有潜力可挖。所谓“大援外”，是指在外交部门的规划、参与和指导下，社会各界广泛参与，充分发挥政府和民间的多种积极性，符合中国发展利益也具备国际主义色彩的对外援助。形式上，它很像金字塔式的结构。最上层是外交部门的角色与核心作用，包括了对国际危机和地区热点实施各种斡旋调解的特使安排（其人员数量及其掌握的资源应加强）；在联合国体系及非盟等各个组织机构中的常设代表（其职务及数量和地位同样应当统筹升级）。如同胡锦涛总结的那样，2006 年以来的六年间，中国各方面的对非援助稳步增长，为非洲国家援建了 100 多所学校、30 所医院、30 个抗疟中心和 20 个农业技术示范中心；中国兑现了向非洲提供 150 亿美元优惠性质贷款的承诺。中非在文化上互学互鉴，人文交流日趋活跃，中非文化聚焦、联合研究交流计划、智库论坛、民间论坛、青年领导人论坛等一系列交流活动相继启动；中国为非洲国家培训各类专业人员近4万名，向非洲国家提供2万多个政府奖学金名额。中非双方合作在22个非洲国家设立了29所孔子学院或孔子课堂。中非40所知名高校在“中非高校20+20合作计划”框架下结为“一对一”合作关系。①这在中国对非关系的历史上可以说是史无前例，反映出各方面积极性的提高。在“大援外”构造的中间和基座上，包含了许多层次，且有增多和丰富的趋势。这里面，各级地方政府和企业扮演着重要角色：它们不止完成中央和外交部交办的任务，而且正在发展出富有各地特色的“企业公关”、“边贸外交”、“岛屿外交”、“跨界民族联谊协作”、“跨国水域河流合作”等次区域和功能性外交平台②；在企业和地方的对外交往过程中，随着中国综合国力增强和各地积极性的提高，交往过程越来越多的是中方主动做出承诺，提供更多的设备、资金或技术援助，或提供更多机会邀请对方人员来培训和参观。它们

---

① 见胡锦涛在中非合作论坛第五届部长级会议开幕上的讲话，新华网2012年7月19日报道。

② 国际外交学界和国际关系理论家们，多年来一直在讨论德国巴伐利亚州独特的对外交往模式，以及美国近年兴起的所谓“加利福尼亚外交”现象。它们体现了在国家总体外交格局不变的前提下，地方政府对外交往的特质与成效。中国作为一个地域广袤、民族众多、内部历史文化丰富多样的文明大国，这方面理应提供更多更好的案例。

充分体现出中国作为一个新兴大国的优势。以对非洲的开发性援助为例，浙江等沿海较发达的省份在理解国家总体外交方针的基础上，在省内外事部门的直接协助下，做出一些有特色、有创新精神、受到非洲国家好评的“大援外”事情。比如，浙江省政府对于浙江师范大学培养非洲干部的工作给予特殊的财力和物力支持（不仅浙江师大的非洲研究院发展得生气勃勃，连原外交部非洲司司长、前非洲事务特使刘贵今大使也加盟到教育部对非交流的这所重点大学，并在那里新建了中非高级商学院）。浙江省政府还对赴非的浙江商人给予各种扶持和引导，要求省内各级干部更多地赴非考察和实施援建。它为新时期中国的地方外援模式做出了有益探索。

问题的一面也不可忽略。一个是外交编制、人手的短缺，以及援外的协调机制升级问题。欧美的经验表明，越是发达国家，外交特使和派驻国际机制的代表人数越多。例如，美国有3亿人口，正式的外交人员超过15000人；挪威只有500万人口，外交人员职数达到1500人。而中国作为13亿人口的大国，目前正式的外交部人员编制只有6000多人。再如，1949—1979年的30年间，中国出境人次只有区区28万；而2011年中国出境人次达到7200万，现在每年出境的中国旅客就超过5000万人。我估计，到“十二五”末期，中国总的出境人次可能突破每年1亿人次大关。外交部编制近年来的调整，如增加国际经济司、边境海洋司等司级单位，或扩大领事保护、新闻发言、政策研究机构的层次，显然无法适应新形势。加上前面提到的对更多外交特使的需求，对更权威的部门协调统筹能力（类似援外总署的角色）的建设，都要求在加大援外力度的同时，做出人员编制，包括援外体制上的调整。自然，这方面仅凭外交部门自身的努力是不够的，需要政治高层统筹考虑和做出决断。另外一点缺失，来自我国现有社会结构发育本身的不足。在“大援外”的设想下，题中之意是，调动社会各界特别是青年一代的能动性，如让更多的中国青年志愿者有机会赴海外服务，让更多的中国医生及农业专家定期赴亚非国家传经送宝，让更多的其他专业人士有在第三世界施展自己的聪明才智的平台，让更多的海外华人华侨有多种渠道加入到中华民族的这一伟大事业中来。但从实际情况评估，各方面对此认识差异很大，财政上对此的支持力度不够，国民素养和能力亦受到限制，社会的自组织形态（“非政府组织”，所谓NGO）处于不发达状态。

第四类是国际公共产品。有关中国提供国际公共产品的讨论，近年开始出现，近期有增多的势头，反映出中国作为负责任大国的意识在增强。从中国传统的对外援助类型分析，这是相对稀缺的一种类型。“公共产品”

概念最先由当代西方经济学提出。公共产品（Public Goods）是私人产品的对称，是指具有消费或使用上的非竞争性和受益上的非排他性的产品，亦可称作“公共财货”、“公共物品”。一般指政府或社会团体提供的、能为绝大多数人共同消费或享用的产品或服务，如国防、司法、公安等方面所具有的财物和劳务，以及义务教育、公共福利事业等①。公共产品的特点是，一些人对这一产品的消费不会影响另一些人对它的消费，具有非竞争性；例如国防保护了所有公民，其费用以及某些人对这一产品的利用，不会排斥另一些人对它的利用，每一公民从国防事业获得的好处，不会因为这个社会多生一个小孩或一个人出国而发生改变。也因为如此，公共产品同时具有明显的非排他性，这是指产品在消费过程中所产生的利益，不能为某个人或某些团体所专有，而把另一些人或团体排斥在消费过程之外；不让后者享受这一产品的利益是不可能的，那样也不成其为公共产品了。

---

① 为便于理解和节省篇幅，本节关于公共产品的概念和理论部分，主要引自网络上“百度”搜索下的简明词条解释。读者如想做更深入的学习与研究，可参见如下著作：李成威：《公共产品理论与应用》，立信会计出版社 2011 年版；张建新编：《国际公共产品与地区合作》，上海人民出版社 2009 年版；〔西〕埃斯特瓦多道尔等：《区域性公共产品：从理论到实践》，张建新等译，上海人民出版社 2010 年版。

例如，消除空气中的污染是一项能为人们带来好处的服务，它使所有人能够生活在新鲜的空气中，要让某些人不能享受到新鲜空气的好处是做不到的。因此，《京都议定书》和联合国哥本哈根气候大会上通过的文本，都属于国际公共产品。

不过，并非所有公共产品都没有差别。大体上它可分为纯公共产品和准公共产品两类。纯粹的公共产品，是指那些为整个社会共同消费的产品。前面提到的国防，以及公海上的灯塔，还有各国公认的《联合国宪章》及其准则，便属于这类纯粹公共产品。这类公共产品一旦投入消费（使用），任何人（国家）都不能独占专用；而且要想将其他人（国家）排斥在该种产品的使用之外，是无法做到的；任何个人（国家）若执意如此，会付出高昂的、往往不合算的代价（费用）。举例来说，环保制度清除了空气、噪音等污染，为人们带来了新鲜空气和安静环境；如要排斥这一区域的某人或某个国家享受新鲜空气和安静的环境，是做不到的，技术上也无法实现。严格意义上的纯粹公共产品，还具有“非分割性”，即它的消费是在保持其完整性的前提下由众多消费者共同享用的，如交通警察给公众带来的服务就是不可分割的。纯公共产品不仅包括物质产品，还包括公共服务，如政府在国内范围实施的环保条令，或联合国秘书长特使在全球热点地区展开的斡旋行动。广义的公共产品既包括物质方面，又包括精神方面的内容；既可以是财政方面的（如联合国会费），也可以是文本或制度形态的（如安理会通过的决议和国际海洋法公约）。

在现实生活里，纯粹公共产品并不多，大量见到的还是所谓“准公共产品”。准公共产品的使用范围较宽，如教育、文化、广播、电视、医院、科研、体育、公路、农林技术推广等事业单位，其向社会提供的都属于准公共产品；实行企业核算的自来水、供电、邮政、市政建设、铁路、港口、码头、城市公共交通等部门，提供的也是准公共产品。这类产品通常只具备上述两个特性的一个，而另一个则表现得不充分。教育产品就属于这一种。它一方面具有排他性，因为对于处于同一教室的学生来说，甲在接受教育的同时，不会排斥乙听课。但另一方面，教育产品在非竞争性上表现得则不充分：一个班级内，随着学生人数的增加，校方需要的课桌椅也相应增加，老师批改作业和课外辅导的负担加重，若在校生超过某一限度，学校还须增加班级数和教师编制，成本会进一步增加。放在国际范围观察，外国给予非洲的教育援助，经常发生这类困难，形成需求与供给之间的缺口。所以说，教育产品在使用时具有一定的竞争性，不是“纯粹的”而是“准”公共产品。不难推导，联合国派遣的维持和平部队有类似的性质：理论上它属于集体安全决定和公行为，然而实际上联合国的维和经费及派出兵员数量，受到各种因素的限制，使用时亦存在竞争需求。公共道路和公共桥梁也是如此。尽管它们可为所有人使用，但受路面宽度限制，一辆车在使用道路的特定路段时，就影响了其他车辆的通过；外国在联合国决议下为非洲某个国家修造的公路桥梁，不仅在对象国国内存在上述竞争性，而且其他国家由于没有争取到联合国的支持，可能产生不满和抱怨，从而导致更加复杂的资源配置公平性问题和国际协调难题。

公共产品生产和供给的方式有三种：一是公共生产。指由公共部门生产公共产品，再由公共部门向社会提供（包括物品和劳务）。所谓公共提供，首先是指这些公共产品是由公共部门供给的，其次它是一种以不收费的方式来提供公共产品的。政府的纯公共产品，特别是行政部门，主要采用公共生产和公共提供方式来供给公共劳务或服务。前面提到的海上灯塔或外交调解，就属于这类性质。二是私人生产。公共提供公共产品并不一定都要由公共部门生产，有时由政府购入私人产品，然后供应市场。例如国家可以将制片商拍好的电视片买过来在电视台播放。不管谁来建造，当一条道路修成后被政府购买，提供社会使用，便是公共产品；若它被企业购买并向行人收费，则变成私人产品。国际上的一种趋势是，武器和军事装备之类，很多由私人企业生产，然后由政府采购并提供给军队和国防部门。三是混合生产。有些准公共产品，尤其是在性质上接近于私人产品的准公共产品，在向社会提供的过程中，为了平衡获益者与非获益者的负担，提高资源的使用效益，政府往往采取类似于市场产品的供应方式，即按某种价格标准向消费者收费供应。例如，对于医疗产品既可以采取政府供给方式，也可以采取政府供给、个人付费方式，此外，自来水、电、煤气等，也都可以采取收费方式来供给。由于混合供给方式包含了政府的政策因素，它与纯粹由市场供给的私人产品，在性质和管理包括价格上还是有区别的。显然，在准公共产品的供应方面，政府有更大的选择面和和更多的实施机会，国内方向如此，国际领域亦不例外。

从上面的理论介绍中，我们能够获得哪些启示，又如何应用到中国对非洲的援助中，加强和改进中国式公共产品的提供呢？

这里分别从全球范围和非洲地区两个层次进行探讨：

首先，从全球角度观察，上面的讨论告诉我们，国际公共产品是一个国家提供给其他国家特别是国际社会共同使用的，带有某些非排他性和非竞争性的资源、制度、物品和设施，最有代表性的如联合国会费、国际气候制度、世界粮农组织所需的救灾物品、国际水域水道上的灯塔航标之类。中国应当加大这方面的投入，把它们作为扩大影响力、改善形象、争取人心的杠杆。增加中国特色国际公共产品的提供，有许多新的要求。首先，需要改变目前这种由商务部门主导的援外体制，改为权威性更高、统筹能力更强的决策机制。其次，要全面细致规划战略援外和公共产品两类范畴，使之相辅相成：前者指符合我重大安全利益和军事目标的对外援助，将主要用于中国的全球利益和战略布局，如过去这些年对巴基斯坦的援助，对非洲和中东一些能源、资源产地的投入，在国外一些战略要津建设的基础设施；后者指用于国际社会集体使用的产品或项目及公约，它们更多被提供给联合国等有公信力的国际组织和机构，如中国维和部队的提供及其维和基地的建设，中国提交国际组织的活动经费，保护公海多样性和极地生态的各种倡议等。战略援外与公共产品不是截然分开的，而是有区别又互相增强的一对范畴。它们的关系及在中国对外关系的作用，需要系统深入地研讨。在我看来，过去几十年的对外援助里，商务合同份额过大，而战略援外尤其是公共产品的比例太小，今后应逐步调整，确立新的权重与平衡点。

中国在可预期未来提供的国际公共产品，似可考虑以下重点：第一，在向外空、极地、深海这些典型的"高边疆"进发的同时，不止是器物层面有更多的海军舰艇、海洋勘探船只、极地探险队伍和外空军事手段，更要主动提出为全人类着想的和平合作公约与多赢方案，建造国际水域的"灯塔"，并积极充当国际范围的"救火队"和"救生员"。第二，着眼保护海上通道畅通和能源外部供应的安全问题，中国应当积极与国际海洋法相关机构合作，熟悉预防油轮泄漏和海洋生物多样性的规则与制度安排，力所能及地提供一定资金和技术援助，同时加大打击海盗和防范海洋非传统安全威胁的力度。第三，像近年来设立的东盟事务大使、中东问题特使、气候问题特别代表等有效做法那样，中国应当在未来几年派遣更多的特使到周边和世界热点地区，使中国外交"不树敌"、善交朋友和耐心细致的优良传统发扬光大，让各国和国际社会感受到一个新兴大国带来的好处。中国外交特使安排应当制度化，并有更大的投入和更多的人员配置。第四，总结过去行之有效的做法和安排，加大宣传力度和投入，这方面有海外服务志愿者项目、联合国维和部队培训等。这些做法和项目是中国和平崛起的名片，是展示中国善意的抓手。第五，改变国际上一种不良的看法，即中国只是一个“跛足巨人”（指一种在经济贸易能源等方面有能力、有胃口，但政治、安全、人文领域无吸引力甚至让人害怕的形象），花大气力培养第三世界国家的各类人才，为有迫切需求的国家提供能源和经济开发方案。

其次，必须看到，全球性公共产品的供应难度比较大，尤其它接近纯粹国际公共产品的性质，对于中国这样一个仍然处在发展中国家阶段的新兴国家来说不可能提供太多；在现阶段，更大的关注点应当放到区域性公共产品的设计与提供上，这类公共产品带有准公共产品的特点，形态与方式更加灵活多样，数量可大可小而操作可难可易，比较符合党中央下达积极有为又量力而行、大胆设计又谨慎推进、有助国际形象改善又能为国内公众接受的援外方针。这里所说的“区域性公共产品”，主要针对（譬如说）非洲大陆这样特定的目标地区，有中央既定的原则方针（尤其是近年在中非峰会及部长级论坛上制订的各种文件）指引，表达中国对中非共同利益及新型战略伙伴关系的统筹考量，以非洲联盟为典型的地区组织为重要依托伙伴和实施平台，以非洲大陆整体和多数非洲国家为主要受益对象，由中国政府提供的对非援助。近十年内典型的事例，有中国援建的、位于埃塞俄比亚首都亚的斯亚贝巴的非洲联盟总部大厦，有外交部设立的非洲事务特别代表（特使），有农业部根据国家总体规划和外交部建议在非洲一些国家推广的农业示范项目（网），有团中央、商务部及外交部等单位联合推动的中国青年志愿者海外服务计划，有中国政府承诺的对非洲大陆最贫困国家的减债方案，有中国国防部和公安部下属院校开展的培训非洲军警干部的工作，有中国军队在联合国维持和平框架下在非洲大陆多个国家实施的维和行动，等等。我国政府在2012年召开的

2013年4月15日，中国政府非洲事务特别代表钟建华大使在美国白宫会见美白宫国安会非洲事务高级主任哈里斯，就南北苏丹局势、南苏丹经济重建和索马里等非洲热点问题交换看法

资料来源：http://www.fmprc.gov.cn/mfa_chn/wjbxw_602253/t1031961.shtml。

中非论坛第五届部长级会议上还提出，中国今后几年将适当增加援非农业技术示范中心，帮助非洲国家提高农业生产能力；实施“非洲人才计划”，为非洲培训3万名各类人才，为此提供中国政府奖学金18000个，并为非洲国家援建文化和职业技术培训设施；深化中非医疗卫生合作，中方将派遣1500名医疗队员，同时继续在非洲开展“光明行”活动，为白内障患者提供免费治疗；帮助非洲国家加强气象基础设施能力建设和森林保护与管理；等等。中国政府也承诺，未来将更大力度地支持非洲一体化建设，帮助非洲提高整体发展能力；中国将同非洲大陆建立“非洲跨国跨区域基础设施建设合作伙伴关系”，为项目规划与可行性研究提供支持，鼓励有实力的中国企业和金融机构参与非洲跨国跨区域基础设施建设；帮助非洲国家改善海关、商检设施条件，促进区域内贸易便利化。① 可以看出，在外延和内容上，这些区域性公共产品与前面说过的战略援外、商务援外和社会大援外存在部分的交叉重叠，它们的落实仍有待细致的工作和协调，但我想强调的重点在于，这些区域公共产品是为非洲区域的稳定发展、整体能力的提升提供的，

① 胡锦涛在中非合作论坛第五届部长级会议开幕式上的讲话，新华网2012年7月19日报道。

因而是必要和值得的。

前述公共产品概念及理论，还给我们一些启发：

其一，公共产品不能狭隘地理解为只是经费、物品、基础设施之类，它们更可以是劳务、人才及专业技能培养等方面的专项供应。非洲有些智库向我们提议，中国应当借鉴一些欧美国家的某些做法，不只要提供基础设施（这方面中国远远走在西方国家前面），而且下更大气力提高使用方掌握这些基础设施的知识、技巧与能力。据说，在非洲个别地方，在中国援建的质量上乘的医院学校中，当地人见到的却是一些来自欧洲国家的志愿者甚至待业人员（欧洲近年深受经济衰退之苦，因而有大量专业人员闲置）。这对于我们是一个警示：不能好事做不好，不可有始无终；有时不明不白地替他人做嫁衣，还经常受到无理指责。涉外政府部门尤其是管理援助项目的官员，对此要认真汲取教训，看看有什么办法做出改进。涉外企业和地方当局也有理由由此得出结论：今后的援助项目，尤其是那些在枢纽国家和重要地点可能产生持续影响的工程，不止是做到“交钥匙”，即把建成的实体交付对方，而且应当“教手艺”，即让使用这些实体的对象掌握有效使用和可持续运营的知识技能。也许国内有人对此会批评说，那样岂不没完没了、变成财政

“无底洞”了?! 还有的不同意见是，非洲一些落后国家的人员素质不高，远达不到中方工程技术人员的水平，而且教会非洲人的过程十分艰难，里面存在不同文化背景、劳动习惯差异、对工作质量要求不同的诸多难题；所以，目前阶段还是“授之以鱼”而非“授之以渔”比较便利。理解这些意见的同时，我希望有更长远的目标和更大气的战略。中国援建的非洲联盟总部大厦项目，就具有这类特征：2012 年落成使用的这座大厦，它不止花费了中国财政援外的八亿人民币完成了“硬件”方面的建造，而且从头到尾始终有技术和管理方面的“传、帮、带”，至今仍有一定数量的中国工程技术专家和后续的财政保障，在亚的斯亚贝巴市中心，支撑着这项非盟总部大楼。尽管花费不菲，它象征着中非友谊的基石坚固牢靠，体现了中国政府的对非洲整体合作机制的战略支撑点，也是中国人学习履行新时期国际主义义务的一个路径。它带来了非洲对中国的高度评价，正如埃塞俄比亚总理塞莱斯在使用典礼上指出的那样：“这块地从前是监狱，关着很多死囚，有很多绝望的人，当时整个非洲大陆给人的感觉就是绝望；现在这座建筑带来了一种希望，象征着非洲的复兴，非洲的希望。”①

其二，尽管政府通常是公共产品的主要设计者、推动者和供应者，公共产品的生产过程和具体承接方则有灵活的样式、渠道和行为体。欧美发达国家有一个常用的方式，即政府一旦在预算或国际协定中承诺了对不发达国家和地区的援助，尤其是对亚非整体性的帮助，不止通过各种媒体大肆宣扬，更想方设法把这些援助项目转包给社会力量、民间机构或企业公司实施。这一方面是因为西方国家国营部门相对较小、功能不全，无法承接众多项目；另一方面是由于这种由政府购买公共产品、企业和市场承接、之后提供援助对象的方式，也比较经济和节省。考虑到中国经贸与金融现在有全球性影响和上下游网络，未来我们不妨考虑，在设计、生产、供应对非区域性公共产品时，中国政府把部分订单下达给其他国家的企业，特别是那些与非洲有传统贸易联系、语言使用便利的承包商。当然，我方始终要掌管好大政方针，实行动态追踪和质量管理，确保整个过程符合我方既定的路线。现在中国实体经济和外汇总量的大盘子非常可观，利用率并不理想，因此，哪怕只切出其中很小

① 转引自《建造非盟总部大楼的中国人》，《青年参考报》2012年4月13日。

一部分，也可以安排相当数量的外部生产供货者，它同时有利于建立中国引导的、有多方参加的国际公共产品供应方式。举例来讲，我国在世界银行和国际货币基金组织（IMF）的增资份额、投票权与高管比例，2008年国际金融危机以后逐步得到提高，尽管远谈不上理想，已使中国在国际金融领域的话语权和决策地位达到前所未有的水平。到2012年底为止，中国的外汇储备达到33000多亿美元，占到全球外汇储备总量的三成以上。国家外汇局提供的具体数据显示，根据2012年9月末国际投资头寸表数据，中国对外总资产中约67%为储备资产，其主要运用形式是债权投资。2011年，中国对外资产的收益率约为3%，与美国、德国和日本相当。根据金融学界的意见和国际上的通行做法，这一时期中国政府完全有必要、有可能充分利用强大的实力，设计并提出更多的国际金融项目、产品、交换方式和投资目标，巩固和增强上述趋势。我觉得，通过外交部、财政部、国家外汇管理局等国内部委的协作，在IMF等机构内设立对非援助的区域性公共产品专设基金，用于支持中国在海外的订货、转运、应用及其相关的投标和保险事宜，便是一项事半功倍的举措。

其三，制订区域乃至国际性的规则和制度，使之具有通用性和广泛认可，属于比较高级的国际公共产品供应。它具有事半功倍的成效，但也是中国比较缺乏的。从全球范围看，中国迄今为止的崛起，虽然被称为世纪之交国际关系中最伟大的进程之一，但实事求是地说，这种崛起基本上或者说主要是经济领域的现象，而在其他方面则乏善可陈。

数字能说明问题。先看优势的一面：中国过去的30年间保持了9%左右的年均经济增长速度，使中国从一个人均几百美元的贫困国家变成了今天人均近6000美元的新兴大国；中国在过去10年间从全球第6大经济体跃升为仅次于美国的第二大经济强国，目前我国的总产值已经达到美国的一半还要多，估计再有20年时间可能超美登顶；中国现在是全球最大的能源生产国和第一大石油进口国，拥有全球最大的货运船队和港口吞吐能力；中国的外汇储备和进出口贸易量，分别位居世界第一、第二的位置；中国的公路和铁路长度，内河航运量，钢铁、汽车、机电设备等工业产能，均已居世界前列；中国在全球玩具、家具、服装、鞋帽、电器等方面的产量，与任何国家相比都有惊人的优势。世界各国观察、感受到的今日中国，像是一个茁壮成长的经济巨人，一个经济史上前所未有的超大规模而且潜能几乎无限的大国。然而，中国在国际舞台上的话语权与其经济实力完全不对称，我们的国际公务员尤其是国际组织高管所占的比例，不仅少于传统西方大国，而且落后于印度、韩国、巴西、墨西哥等新兴国家；外汇储备最多的中国，在国际货币组织和世界银行等主导性国际组织金融机构里的动议权和制订规则文本的能力，甚至比不上法国这样的二等西方强权；各国主流媒体充斥着有关当代中国的消息，多半是负面报道或抱有怀疑态度；在国际安全和政治领域，亦有类似的麻烦：美国、俄罗斯、法国、以色列、韩国的武器出口，很少遇到像中国军品贸易所遭遇到的多重阻挠；印度或巴西的社会制度及对外宣示，很难面临中国试验或“模式”所碰到的西方学界和舆论的反复质疑。中国老百姓可以认为这里有西方资本主义国家的“阴谋”，国内的媒体有理由担心美国对中国的防范与围堵，问题是我们自己如何直面现实？与其说抱怨、愤懑，不如实干巧干、突围前进。比如，假使中国未来帮助非洲联盟在各种国际组织中推出有利的议案，协助一些非洲大国成为联合国安理会的理事国（包括准常任理事），推动非洲逐步形成自身的维稳能力和调解机制，而不是把这些创造区域性公共产品的机会让给英、法、美等老牌“宗主国”，那么，中非两大力量的协同与互助，兴许多少能改变前述不利的环境。可以这样说，过去一段时间的中国崛起，主要表现为经济的崛起，确切地说是数量方面、规模方面、速度方面等指标的快速提升；相对而言，按照科学发展观和新一代领导人提出的伟大民族复兴“中国梦”，未来一段时间中国的崛起，将更加重视质量方面、效益方面、科技含量方面等指标的精致改善，尤其是中国综合性国力的增长和国际地位的提高。加大我国在国际规则方面的设计与投入，包括在非洲等地提供更多更好的区域性公共产品，是符合这一发展趋势的。

自然，做到这一切，并非外交部门自身力所能及，除开外交转型和变革持续发展之外，总体的政治考虑、战略规划、部门协调是不可少的。无论如何，在相互依存的现时代，一个大国如果没有广阔的战略意识，不能提供包括一定数量的国际公共产品在内的各种国际援助，是不可能在全球高地站稳的，即便短暂形成崛起气象也无法持续。我曾经提出：

> “创造性介入”讲的是一种新的积极态度，即在新世纪第二个十年到来之际，中国对国际事务要有更大参与的意识和手法。它要求中国的各个涉外部门和更大范围的中国公众，在坚持邓小平改革开放基本路线的同时，增强进取心和“下

先手棋”，积极介入地区和全球事务，拿出更多的方案并提供更多的公共产品及援助，以使未来国际格局的演化和人类共同体的进步有中国的印记、操作及贡献；它也提醒我们对外政策的规划人和制订者，中国不能走西方列强称霸世界的老路，不能把我们的意志和方案强加于人，在积极参加国际事务的同时注意建设性斡旋和创造性思路，发掘和坚守东方文化和历史文明里“求同存异”、“和而不同”、“斗而不破”、“中庸大同”等成分，倡导并坚持“新安全观”、“新发展观”、“和谐世界观”等理念，谨慎恰当处理与其他国家和国际社会的关系，审时度势、统筹兼顾地提升中国在世界舞台的形象与话语权。这种新的“创造性介入”立场，既是对“韬光养晦”姿态及做法的（哲学意义上的）扬弃，又绝非西式的干涉主义和强权政治，而是符合中国新的大国位置、国情国力和文化传统的新选择。这一立场，将伴随中国和平崛起的整个阶段，逐渐形成国际政治和外交舞台的中国风格。①

---

① 王逸舟：《创造性介入——中国外交新取向》，北京大学出版社2011年版，第21—22页。

能否创新不干涉原则，是检验“创造性介入”新外交之成效的尺度之一。非洲大陆长期是中国拓展国际合作、扩大自身影响的重要地区，也应是新阶段参与全球治理、实现创造性介入的恰当入口。我们有理由从中非日益密切的互动中提取样本及经验，推动建立符合国情也适应各方需要的积极介入方式。①

① 我赞成刘鸿武教授的一个判断，即非洲研究是中国学术的“新边疆”，非洲研究开始为中国学术界所重视；它折射出中华文化的现代复兴正在进入一个新的历史阶段。见刘鸿武为“非洲研究文库·非洲发展研究系列”丛书撰写的序，载张永宏：《非洲发展视域中的本土知识》，中国社会科学出版社2020年版，第10—12页。

第三篇　比较鉴别

欧洲人如何扮演全球角色？

——借鉴与反思

前面两部分，分别讨论了近代以来中国的国际角色由造反者向负责任大国的逐渐变化、创新不干涉原则并提供更多更有效的对外援助的问题。在我的思考及写作过程中，有一个问题在我脑海中挥之不去，那就是：在国际舞台上，中国的崛起、中华民族的伟大复兴，如何造福世界、有益于人类进步，而不是陷入“国强必乱”、“国强必霸”的西方周期律？欧美列强站在全球高地之后，如何使用它们的力量、维护它们的利益、实施对外介入与调解？为什么至今它们仍能保持强大优势与辐射力，令国际社会及多数国家喜欢也好、讨厌也罢，却不得不接受这种统治（及规则）？这里面有何手段、设计等奥秘？用更加通俗的说法，需要探讨的问题是：相对人数很少的“老师”，为什么、凭什么总能指导甚至支配数量大得多的“学生”？

不难看到，在当代国际关系里，来自欧美强权①的

① 这里所指的“欧美强权”，是一个广义的政治地理称谓，它涵盖日本、加拿大、澳大利亚等西方发达国家，但一般不包括中东欧各国。

各种干预行为和动议，包括由此造成的诸多国际制度与规范，是影响最强烈、争议也最多的一种现象。欧美强权干涉，包括了军事的、外交的、政治的、经济的、文化的、媒体的诸方面，范围之广、程度之深，几乎无事不及、无处不在；相比之下，俄罗斯、印度、巴西、南非、中国等新兴大国，以及非盟、东盟等非西方区域组织，只占有国际介入行为和国际规则倡议的很小比例。这一现象深刻折射出欧美国家对当代国际体系的影响力和主宰性质。

须看到，在“欧美”范畴下面，欧洲的角色与美国有很大区别：美国经常使用军事蛮力等较粗鄙的干涉方式，给世人的印象更加直接和简单；欧洲则更多采取比较精致和多边的形态，如反倾销贸易诉讼、外交斡旋调解、人权和气候问题评判、欧盟框架下向外发起的战略对话倡议、法德英等主要大国在联合国安理会的动议之类——用陈乐民先生的说法，欧洲人显得有“文化底蕴”①。欧洲不论大国还是中小国家都有自己的介入方式（后者如北欧一些国家在国际安全事务中的大量援助和倡

① 见资中筠、陈乐民等：《冷眼向洋——百年风云启示录：20世纪的欧洲》（生活·读书·新知三联书店2007年版）、《欧洲文明十五讲》（北京大学出版社2004年版）等著作。

议），不论政府还是民间（包括各种活跃的社团和媒体）都有相对强烈而持续的国际观和外援手段；欧洲人的干涉偏好不仅有军事压制和经贸制裁等强力表现，还体现为体制、舆论和观念等方面的优越感和“先手棋”；当代世界的几乎所有领域和问题上都有欧洲人的声音、决议和印记。

当我使用“欧洲人”的称谓时，确实泛指处于那一区域的各个阶层和团体，指向的是这些阶层和团体普遍具有的态度。欧洲人的国际介入观是长期形成的，与它的近代化进程不可分割，有着深厚的积淀与根源，一定程度上变成了本能的冲动或本质的特征，其间夹杂着自信与傲慢、王道与霸道、进步与野蛮。欧洲人的对外干涉，是西方世界主宰当代国际关系和全球发展进程的重要体现之一。与其他地区相比，欧洲的方式更加多样和有力，它们是对区域外国家的制衡，是对全球进程的强力引导。无论“硬压制”或“软介入”，欧洲人的国际角色特别其对外干涉，是十分引人注目的当代国际现象，对被干预对象产生了强大的压力，具有强烈的辐射传染效应，持久深刻地影响着全球政治和外交进程。

对于中国来说，全面准确地研究欧洲人的干涉冲动，无论从哪个角度看都具有重要的意义。然而，在以往中国学界的探索里，这方面的成果似乎不多。陈乐民先生在《欧洲观念的历史哲学》（东方出版社 1988 年版）、《欧洲文明十五讲》（北京大学出版社 2004 年版）等著作里，第一次以“欧洲学”的视角及提法，系统勾勒出欧洲人国际干预冲动背后的历史渊源和民族性格。他特别强调了从文明进化角度客观看待“欧洲”心态的必要性。周弘教授主编的《欧盟是怎样的力量》（社会科学文献出版社 2008 年版），沿袭着陈乐民先生的思考路径，更加广泛细致地讨论了当代欧洲的整体形象，包括它的文化基因、政治体制、经贸能量和外交风格等，揭示了诸如“民事普及力量”和“规范塑造力量”等关键词的意义。宋新宁、陈志敏、陈玉刚等学者对欧盟一体化进程和欧洲对外干涉倾向的各自分析（宋新宁：《欧洲联盟与欧洲一体化》，中国轻工业出版社 2001 年版；陈志敏：《欧洲联盟对外政策一体化》，时事出版社 2003 年版；陈玉刚：《国家与超国家：欧洲一体化理论比较研究》，上海人民出版社 2001 年版），从不同角度提醒我们，总体而言欧洲人的国际观念和干涉言行，远比中国大众媒体通常讲述的情景复杂多样，值得认真追踪、谨慎应对。近期中国学者关于欧洲一些大国军事干涉利比亚、科特迪瓦的解释，关于欧盟的冷战后改造非洲战略和新世纪地中海战略的批评，关于应对俄罗斯、中国、印度、巴西、墨西哥等非西方新兴大国崛起的欧盟战略伙伴计划的剖析，关于打击国际恐怖主义、消除伊朗“核威胁”、解决包括中东和平问题在内的伊斯兰世界主要乱象的欧洲方案的说明，关于欧洲人在诸如全球治理提案、气候变化应对、债务危机防范、农业补贴政策、打击海盗行动、反倾销投诉过程、处置移民难民等议题上的国际倡议或对外发难，有不少新鲜有趣的讨论，限于篇幅，这里不打算一一评点。总体而言，尽管较从前有明显的进步，中国学界对于欧洲人为什么如此热衷国际事务、动辄“下指导棋”的深层次原因，探讨得仍显不够。

马克思说过，工业较发达的国家给工业较不发达国家所显示的，只是后者未来的景象。[①] 当中国人开始扬眉吐气，更多关心外部世界的变化及对自身的利害关系，有意愿加大参与全球治理的力度、更多介入周边乃至其

① 《马克思恩格斯全集》第 44 卷，人民出版社 2001 年版。

他大陆的问题解决时，需要从西方老牌强国的长期做法和周密布局中，汲取教训、取长补短。就欧洲国际角色而言，我想强调，不止应当看到它的问题和麻烦，避免重蹈覆辙，还要认真研究西欧国家的优势与强项及由此带来的好处，在借鉴中弥补中国国际经验的不足。本部分打算扼要梳理驱动欧洲人干预国际事务的内在根源，从相互联系的六个侧面，对当代国际关系的这一重要现象做出讨论；对照之下，看看中国加大参与全球治理力度、更加积极创造性介入的过程，怎样取他山之石、为己所用。

一、传统军事政治强权

作为近代军事政治的发源地，欧洲国家曾相当迷信和滥用武力。西欧列强侵略征服世界其他地区的过程，便是一部以武力攻破长城、用血与火洗劫不发达国家的史书。第二次世界大战之后，欧洲国家对外武装干涉的性质和次数，都与过去的帝国主义殖民主义有大的区别，

二战中的滚滚硝烟

尤其欧洲中小国家介入武装对外干涉的频率与意愿都有大幅下降。但像英国、法国这样的主要欧洲大国，依然保留了相当强度的军事干涉，不管是作为美国盟友还是在联合国决议下的出兵（如海湾战争和伊拉克战争），还是在带有合法性色彩的邀请下，对旧殖民地国家某些派别的宗主国式打压，如它们在最近科特迪瓦危机、利比亚战争和马里内战中扮演的角色。不管现在的欧洲人对他们看上去举止文明但对外部用武行为做怎样的辩解，他们的身上带有野蛮、粗鲁和暴力的某些基因。近代世界历史上的欧洲，曾是帝国主义、殖民主义现象的始作俑者，提供了20世纪两次世界大战的策源地，长期扮演着奉行强权政治和霸权主义的主要国际行为体。从北欧的维京海盗，到荷兰、西班牙、葡萄牙等海洋列强和殖民宗主国，从控制更大地理空间的“日不落帝国”不列颠，到后来发动世界大战的德国纳粹和意大利法西斯，欧洲工业化以降的最近几百年间，国际上充斥着来自欧洲人此类“强权即公理”的占领和

哥伦布发现美洲大陆

干涉逻辑，强大的“炮艇政策”始终承载着所谓的“白人使命”。近代国际关系史的几乎每一页，都书写着欧洲人的“第一次”：第一次发现美洲大陆并征服那里的各种土著；第一次踏遍包括赤道、南极、北极等地在内的全球所有大洲；第一次令历史上最强盛的文明古国如印度、中国、埃及等低头臣服且沦为附属地；第一次在世界范围推行海洋自由贸易与市场扩张政策；第一次强迫几乎所有不得不“开眼看世界”的域外国家接受欧洲人的宗教、法律、政治经济制度，乃至建筑、饮食和生活习惯……而所有这些“第一次”都伴随着军事镇压或其他形式的暴力征伐，无一例外带有“血与火”的深深烙印——这方面没有任何别的大陆和国家形态（包括美国、日本之类的“新帝国”）能与欧洲军事政治强权相提并论。

如果说近代世界史见证了欧洲列强“军事开路、政治主导”的干涉外部路径，那么当代国际关系里更多呈现的是欧洲主要国家“政治先行、军事殿后”的路线图；后者尽管形式上多少有别于前者，精神气质上却别无二致。英国在伊拉克战争中对超级大国美国的辅佐，就是一个典型：当时的布莱尔首相远比美国布什总统会讲政治，他用了“推翻独裁政权”而不是“搜缴大规模杀伤性武器”的说法，作为游说本国公众支持入侵他国军事行动的理由，而且在开战之前反复向国际社会宣示此战的必要性与合法性。法国主导的打击和推翻利比亚卡扎菲政权的联合军事行动，凸显出这个传统军事政治强权的多面性：时任法国总统萨科奇本来与卡扎菲家族关系密切、合作甚多，法国多年来一直力主欧盟发展新时期新样式的地中海战略①，试图以“民主/法治/人权”和“次区域经贸一体化”加“文化历史联姻”等多重手段，“充实”、“提升”、改造、演变北非—中东的相关国家。然而，面对始终棘手、“不服管教”的卡扎菲政权，遇上动荡的形势和插手的机会，法国乃至整个欧盟的中东—北非新战略“图穷匕见”，军事暴力机器再次被放置于政治诱导过程的前头。2013年初，法国奥朗德政府在美国、英国等支持下对往昔法属非洲殖民地国家（马里）的强力军事干预，体现出新形势下西欧大国对外军事干涉的更典型特点：一是具有重大经济利益或战略价值，绝不在没有重大资源、市场和军事回报的地方轻易投入（比如同样是危险的战乱局势，同样受到当事国政府的邀请，

① 有关欧盟的地中海政策及新战略的内容，可参见倪海宁：《欧盟的中东—北非战略调整刍议》，《欧洲研究》2011年第5期，第40—57页。

法国对于中非共和国的内战，就没有军事干预的兴趣）；二是得到联合国或非洲联盟等地区性组织的授权，使出兵干涉行动不至于被国际社会多数成员批评为违反《联合国宪章》精神的“入侵”行为；三是在当事国找到代理人，最好由当事国政府出面邀请，以协助政府军打击反政府武装的方式推进；四是有在较短时间内完成军事干预行动预期目标的把握，不至于陷入美军在阿富汗那样的战争泥沼。这中间，第二、三条作为当代欧洲大国军事干预哲学的重要成分，是保证其国际合法性的关键，也使欧洲大国的决策当局多少有别于简单粗暴的美国当权者（比如布什）。有了这两条，纵使存在各种国际批评和内部争议，英法等国政府的干涉大致畅通无阻。虽然无论在伊拉克或利比亚或科特迪瓦或马里，欧洲大国在完成主要军事打击目标之后很快回到政治轨道，武力炫耀程度和伤亡水平比过去有所下降，欧洲人旧时的帝国心态与手法并无大的改变。这是一种源自历史的基因与冲动，时光改变的只是具体的程序和做法，骨子里与生俱来的某些传统性格仍在顽固表现，仿佛平日间人们见到的“返祖”现象。即便到了新的世纪、全球化、相互依存的“地球村”，哪怕欧洲强权讲得再漂亮、姿态再优雅，必要的时候它们也会毫不犹豫地大打出手。欧洲作为“现代国家”的发源地和典型代表，其双重性质在此表现得淋漓尽致：一面是超越中世纪的国内法治、人权、民主的形态，一面是类似旧时代的对外强权和军事压制的面目。

与欧洲干涉主义的这个特质相比，中国人在推进国际治理与介入时，具有一定的“先天优势”。正如我曾分析过的那样①，中国外交风格柔软低调细腻，很少勾连贯通武力，向来不同于老牌西方强国，后者强硬刚性、崇尚实力和武力速决。在我们的传统文化精神里，虽存在诸子百家，主流倾向是注重以理服人、道义至上，在对外交往上讲求耐心和慎用武力。即便是兵书讲兵法，中国古代多数军事家亦注重攻心战而不喜蛮力，讲求“不战而屈人之兵，善之善者也”，有“上兵伐谋，其次伐交，其下攻城”的目标排序。这种精神渐已渗透积淀在中华民族的血液骨髓里，成为上至政治人物、下到平民百姓的认知。除开内战、革命和极“左”年代的特殊时期，中国当代外交，特别是改革开放以来的对外关系态势，一直遵守了邓小平奠立的新的时代、战略和国际大局观，遵循着和平、合作、协商、对话的精神，包括

① 王逸舟：《创造性介入——中国外交新取向》，北京大学出版社2011年版，第100—101页。

商务、军事、外交和民间的具体内容无不如此，重现了历史传统中“非攻”、“慎战”、“求势”、“中庸”的主干脉络。拿中国军队来讲，冷战结束以来的20多年间，凡是涉及对外参加行动，都表现为辅佐性的、援助性的、后勤性的和非战场交火式的应用，很少直接用于制暴、交火、弹压、正面战场对抗等武装冲突，注重师出有名、符合国际规范。不过，也须提醒，与欧洲国家的同行相比，中国军人在海外执行任务的经验较少，而且自身外语水平、国际法知识、国际公关技能等“软实力”严重不足。因此，在越来越多的国际维和、护航、撤侨、保卫使领馆安全等海外使命面前，应当仔细观察和适当借鉴欧洲国家这方面的做法与观念，避免在力不能及的情况下承担过多的使命。

举一个例子：欧洲国家的特种部队，在执行海外作战行动时，不仅装备精良、擅长格斗，尤其善于伪装成平民模样、潜入目标地带，有的时候他们还雇佣干涉对象内部不同部族、文化和土语背景的战士，完成复杂而紧急的任务。长期的宗主国和殖民主义传统，使一些欧洲国家这方面的资源与条件相当雄厚而独特，这些东西从技术上讲是中国军队无法企及的。所以，站在外交后面，始终慎用武力，避免卷入过深，尽量不要树敌，是中国武装力量在自身利益和维护国际和平及安全时应当遵循的方针。

二、现代工业征服力量

马克思和列宁很早就指出，现代资本主义的本质特征之一，是国内过剩的资本和生产能力不断地对外扩张，跨越和征服更多的区域外地理国家，国家的军事政治强权多服务于资本内生的这一扩展过程。①今天的欧洲人之所以热衷于国际干涉，一个重要的驱动因素是欧洲工业和市场的外向性与国际依赖。列举几个简明但能说明问题的数字：几个世纪以来，欧洲一直在科学发明、技术工艺和机器制造方面处于世界领先地位。如今虽被美国、日本和一些新兴国家在多个领域超越，欧洲仍是全球最成熟、最强大的经济区之一。拥有 27 个成员国的欧盟，现在是世界上最大的综合经济体，经济总量约占全球的三分之一，贸易实力约占全球市场的 20%，在世界各地的投资总量仅次于美国。欧元还是仅次于美元的第二大国际储备货币，在世界各地各国越来越普遍地作为计量

① 参见马克思恩格斯的《共产党宣言》、列宁的《国家与革命》的有关论述。

生活水平和贸易交换的金融工具。[1] 然而，欧洲虽然总体上内部市场规模庞大，但任何单一国家内部的容量相对有限，离开了外部的原料、销售、运输线和资本流动，多数欧洲国家将无法维系现在的生活水准和生产线。欧洲是比包括美国、日本等发达国家在内的世界上任何国家和地区更加依赖经济全球化和自由贸易的经济体，从而决定了欧洲人从政客到媒体直至公众，都高度关注国际事务、热衷参与全球治理、不惜动用资源干涉他国内政——不管是欧洲自主发动的军事外交（如北非中东政局动荡过程的表现），或者借助联合国框架的维和行动（除常年提供大量兵员和装备之外，欧盟财政捐款占到联合国维和行动总预算的四成以上，远超其他捐助方）。经过长期历史经验的积累，欧洲既是现代工业体系的主要发源地，也是国家间交换和各种贸易规则的重要制定者，同时是对不遵循现行秩序的

欧盟总部大楼前旗帜飘扬

资料来源：http://oushinet.com。

---

① 〔意〕马里奥·泰洛：《国际关系理论：欧洲视角》，潘忠岐等译，上海人民出版社 2011 年版，第 176 页。

任何国家或地区实行贸易制裁、军事镇压、外交训斥和媒体讨伐的策源地。世界上很少有国家和地区拥有这方面的“软实力”；对于欧洲人来说，如今发动针对其他地区的各种商业战、关税战或反倾销战，就像他们的先人发起各种海上运输安排和自由贸易倡议，并在军事、政治、外交力量的辅佐下攻陷无数封闭国家的城池一样驾轻就熟。欧洲是典型的西方工业与市场力量（industrial and market power）。

简要分析欧盟对利比亚局势的介入和欧洲人在若干国际事件的立场，可知经济或市场因素对欧洲国家之军事、政治、外交选择的影响。众所周知，确保能源安全具有特殊的战略意义，始终是欧盟外交和安全政策的主要目标之一。整体而言，欧盟80%的石油进口和1/3左右的天然气进口来自中东—北非地区，后者曾长期是英、法、意等欧洲列强的殖民地，有欧盟“南部后院”之称。利比亚作为非洲最重要的石油产地之一，优质油多半出口欧洲，是欧盟第三大石油供应方，意大利1/5、法国15%的石油进口来自这个国家[①]。几乎所有欧洲石油巨头均在利比亚有重要投资和产业，涉足勘探、生产、提

① 倪海宁：《欧盟的中东—北非战略调整刍议》，《欧洲研究》2011年第5期，第41—42页。

炼和运输的各个环节；欧盟在把中东—北非地区视为出口和投资的重要增长点的同时，还有一石多鸟的其他目标（如与异端极端恐怖主义进行斗争，抑制大规模杀伤性武器扩散，防止对欧洲的大量非法移民以及有组织犯罪等）。而卡扎菲执政的四十余年间，始终表现出特立独行、"不服管教"的个性，常常挑战和质疑欧盟的政策与提议（在卡扎菲执政时期利比亚是唯一没有加入欧盟合作框架的地中海南岸国家），既让各个老宗主国十分不满，也损害了某些欧洲石油巨头的利益（如 2005 年利比亚政府强制外国公司重签石油分成协议，导致外资份额的大幅下降）。① 说到底，法国牵头、欧洲一些国家出兵对利比亚的入侵和颠覆行动，是借利国内反对派抗议和政府镇压以及中东-北非全面动荡的时机，惩办"首恶"、杀一儆百；在关键时刻，借用马克思的说法，欧洲传统列强"撕下了温情脉脉的面纱"。在看似不那么野蛮残暴的国际干涉举措或事件里，类似的逻辑也在重复展示。比如，欧洲很多国家之所以成为全球气候排放新制度安排和会议的主要发起方和干预国，最重要的原因之一是，西欧和北欧的多数国家已进入所谓"后工业社会"，其产

---

① 参见唐虹、顾怡：《试析欧盟地中海政策的局限性》，《欧洲研究》2011 年第 5 期，第 58—72 页。

业结构、能耗结构和消费结构需要更多新的、有利的国际安排加以保障。为此它们不仅根据自己的水平与需求向全球推广新的“低碳排放动议”及优势产品和高端服务，而且越来越多地责备甚至惩罚那些刚刚进入工业化发展阶段、不得不保持合理必要的碳排放空间的多数国家，尽管实际上多数国家履行和追随的不过是“后工业社会”的欧洲人自己过去制定的制度，并且努力但艰难地朝着更加清洁高效的成长模式推进转换。可以想见，一旦新的国际气候公约实施，欧洲人的技术、产品、专利、咨询服务和培养模式，会很快占据世界相关市场和行业利润的各个“制高点”。在全球新一轮贸易谈判即世界贸易组织的“后多哈回合”进程中，也有相似的场景：欧洲人各种倡议及压力的背后，除开认识上、实践中有积极意义的一面外，另一面始终包含着切下更大“新蛋糕”的考虑及手法。

与欧洲相比，在经济贸易容量和市场拓展能力方面，中国有着后来居上的优势，特别是拥有巨大的经济资源供本国参与周边和全球事务使用。在过去的一二十年，中国是全球范围对外贸易增长最快的一个大国，从国际贸易体系比较边缘的位置迅速接近了核心圈。尤其自 20 世纪 90 年代后期加入世界贸易组织之后，中国的进出口贸易量大幅增加，10 多年内从全球第五、第六的位置变为第一贸易大国。中国是全球范围内 120 多个国家的最大贸易伙伴。由于贸易顺差巨大，中国人积蓄了大量外汇；中国政府拥有的外汇储备，在过去 10 年间一直高居各国榜首。上面这些因素，加上改革开放这些年来中国人在基础设施建设、全球航运能力、制造加工业方面积累的强大力量，使得中国既有巨大的国际经济利益，也有参与全球治理的强烈需求和能力。某种程度上说，中国现在同样面临工业产能过剩、国内需求不足、外贸依存度高的麻烦，但在扩展国际市场方面又面临着来自不同国家以不同理由开展的大量反倾销案件等贸易保护主义措施。这种两难局面在最近几年变得严峻，可以说，中国业已成为全球经济中受到责难和攻击的主要对象之一。欧洲国家的经验表明，国家发展到一定水平，不论内外有什么反对声音，国家决策部门必须加大保护海外经贸利益的力度。然而，欧洲人的教训也证明，凡事都有两面：外部收益增多的时候，可能是贸易战加剧的时期；经济体系的开放，既有助于国内产业的提升和民众生活品质的改善，也会加大各种对外依赖，暴露出新的脆弱性；维护海外利益的安全和外交手腕，运用不当的话，会造成其他国家的反感和反弹。几乎可以说，欧洲人以往几十年、几百年推进市场经济扩张时遭到的阻力与暴露的弊端，有相当的部分已经或将要成为中国经济巨人感受的烦恼和阵痛。当然，与欧洲资本主义国家不同，社会主义的中国，共产党领导下的政府，在新世纪到来的时候，明确承诺将实现“和平崛起”，推动“和谐世界”建设，最大限度地创造互利共赢局面。这是一个美好的前景，是国际社会多数成员希望见到的一种结局，但实际的进程很可能充满摩擦与合作、猜忌与学习、曲折与纠错的复杂矛盾。

还是举中国读者熟悉的事例：姚明作为后来者和“小巨人”，在美国职业篮坛艰难的成长经历，形象地昭示了这个过程的不易。与欧洲相比，中国作为国际经济的新手，纵使体量庞大，经验却严重不足，尤其拓展“高边疆”的能力、提供新技术和制订国际经济规则的水平相对滞后——这些问题提醒中国人，我们国家仍处于驾驭全球经济贸易金融进程的初级阶段。须深刻认识到，从全球观察，中国尽管发展速度较快，经济规模较大，但与欧洲国家多半活跃在中高端领域（如现代金融、服务贸易、技术标准、精密仪器、创意产业、高科技产品）的情况不同，中国人在全球市场及整个经济领域的地盘及优势，主要是中低端领域（如污染严重、能耗较多的化工钢铁等“残阳”产业，低附加值和劳动密集型的玩具、家具、服装、鞋帽等简单日用品的供应，道路、桥梁、港口等常规性基础设施建设，以及国际大宗能源资源的购买、提炼、加工和运输等普通贸易行为）。我们的决策者和媒体公众不能为GDP总量占世界第二的位置等表象迷惑视野和沾沾自喜，不能忘却抢占全球经济之价值链高端的更高目标和艰难进程。

三、现代化风习传播者

如果仅有上面的批评，对于了解欧洲人的干涉偏好，不免过于表面。我想强调的是，既不要光听到“人权”、“法治”、“民主”等词语，就以为欧洲人不会对外使用武力；也不要因为军事政治外交的某些霸权行为，而把欧洲各种现代制度包含的积极成分一概抹杀。两者都是真实存在的，像一个硬币的两面，适用于不同场合和对象而已。相比美国超群的硬实力，欧洲人最大的优势不在器物层面，而是其积淀深厚、系统完备的现代体制和规范。欧洲国家实施对外干涉时，不光有基于利益和战略方面的考量，也有现代体制和规范方面的内因。这些现在经常被称为“软实力”的东西，确实给了欧洲人更多的优越感、自信心与干预底气。整体而言，与美国、日本等不同类型的西方发达国家相比，欧洲更像是一种“civilian power”。翻译和理解“civilian power”这个概念，值得探讨一番。现在国内学界多把它译成“民事力量”，估计一是想区别于“军事力量”（military power），二是看重其对民众生活的渗透作用。其实，“民事”的译法是有问题的，不解释时容易造成混淆和误导。这里面最大的问题在于，“民事”这个中文词汇，无法揭示欧洲人使用“civilian”词根时包含的现代风习及制度安排内涵，一种不同于中世纪或更早时代的社会气质。哪怕我们暂时没有更好的译法，也要知道“民事”一词包含的歧义与局限。例如，多数中国人做翻译时，并不十分在意把“civil society”表述成“市民社会”或是“公民社会”甚至“草根社会”；但欧洲人讲“civil society”时，一定指个人须有私有产权和纳税方式（多为具备现代意识的城邦居民），强调此类型的“公民”有自主、结社、选举等权利，构成个体的人与国家政府之间组织化的社会力量。它揭示出欧洲近代资本主义脱出旧时封建制的基石，也提示了中国学界谈到此类概念时的盲区。严格意义上，所谓“civilian power”，虽然词义上脱胎于古希腊城邦居民的行权方式，却是近代欧洲文明的产物，它代表着输出欧洲生产方式及其衍生社会方式的力量。

事实上，从全球范围考察，最近几百年间，欧洲一直充当着现代风习传播者的角色：它的海盗、掘宝人和水手，向其他大洲输出了地图方志与坚船利炮；它的十字军、传教士和工程师，向其他肤色的人种传授了大型教堂和欧式建筑、博览会、赛马场和现代运动竞技、下水道和马桶、方便的医药器械和字母语法；它的外交使节、专家学者和各种社会团体，向非欧洲的多数古老文明体系提供了现代法律法典、现代教育及留学制度、衡量国民财富的国内生产总值（GDP）指标体系、政府财政预算的制定和国际贸易口径的计量、现代工会组织与新社会运动……现代国家始于欧洲，后来传出这个大陆，在不同的地理方向引起深刻而持续的改良、革命或动荡；从最初的殖民地改良措施到20世纪后期的可持续发展议题，当代全球化进程肇始于欧洲工业革命。这是一个有特色的进程，越往后看特色越明显：与日本帝国主义在亚洲的侵略扩张不同，也多少有别于美国新帝国的全球霸权，尤其20世纪中叶以降，欧洲人的国际干涉行为在多数时

1897年，欧洲传教士在中国杭州

资料来源：http://hi. baidu. com/mss1gq1001/item/3d2652d88f712217e1f46ffe。

候更多地承载社会含义，更多具备人的面孔，带有技术共享与自愿合作的形态，常常以“民事”方式自然传播，表达着普通人的内心看法，而不只是国家政府的专横决定，多半不是军事强权的粗暴使用；陈乐民先生精辟地指出，它更像是一种“文明扩张的进程”。从国际政治与安全角度衡量，“现代风习的传播者”本是一种内生的力量，可当它被欧洲国家政府掌控，用来有意识地向外输出时，它就成为所谓的“推广文明的力量”（civilizing power），一种典型的“欧洲中心论”驱使下的扩张强力。① 从老式的殖民主义意识形态（所谓“白人的使命”），到丘吉尔的强权政治主张和“铁幕说”，直至近来萨科奇总统关于法国对非洲军事干涉政策的辩解，它都表现得淋漓尽致。“民事”与“军事”是可以转换、相互支持和增强的，“文明的”民间世俗风习的传播过程，有时需要得到国家暴力“不得已运用”的保障。这是当代欧洲观念的一大特性，亦是人们观测欧洲国际角色的重要视角。

从全球范围考察，中国对于现代风习的传播过程，

---

① 有关“civilian power”和“civilizing power”的含义差别，可参见〔意〕马里奥·泰洛：《国际关系理论：欧洲视角》，潘忠岐等译，上海人民出版社 2011 年版，第 178—181 页。

更多是一种接受者而非发源地的位置，但随着时间的推进，这种态势正逐渐发生积极变化。鸦片战争以降的百年，基本上呈现的是中国长城被西方人野蛮炮火攻陷、中国政府与百姓被迫屈辱地接受开放口岸和不平等贸易的画面；经过毛泽东和革命军队艰苦卓绝的浴血奋战，中国变成一个政治独立、不受任何外部势力控制的大国，了解和接受现代规范的进程则变得曲折；到了邓小平改革开放时代，这个国家成为一个经济不断强盛的大国，其间融入国际体系、加入经济全球化进程、推动世界贸易和金融进步的表现令人称道。尽管曲折，这条线索是往上延伸、越来越清晰的：从早期的消极反应，到后来的坚持抵抗，再到今天的主动介入；从被迫接受外部制订的条件，到艰难探索学习适应国际规则之道，直至尝试把自己的理念与动议加入到人类进步的议程。与欧洲国家相比，必须承认，我们国家迄今为止在国际事务中的优势主要局限于经贸金融和基础设施建设领域，在“硬件”方面对于很多国家现代化的发展做出不少贡献，而在公民社会的新型表达方式、社会力量（相对于国家力量）的提升、现代科层制度和民事规范的创造等方面，尤其是让这些方面的努力为外部世界所感受、所接受的程度上，中国巨人乏善可陈，给外人的印象还是“一条腿粗、一条腿细”，其他方面的长处与经济力量不成比例。例如，“和谐世界”是一个不错的口号，做得好，它可能成为现代文明的规范，成为解决全球性冲突的原则。然而，我到很多国家与当地同行沟通后获悉，他们中很少有人认为这个理念落到了实处，很难说清宏大抽象的政治哲学如何体现为具体有效的建言与措施。这种事情很让人遗憾。如果我们的有关部门和大众媒体对此没有痛切的感受和认真的反思，看不到与发达国家的内在差距，只是满足于更长的公路铁路里程、更大的进口出口能力、更多的国内生产总值等物质指标，中国的壮大就缺乏现代精神和人的面孔，我们国家就很难得到他国人民的由衷认可，中华民族就还没有实现文明意义上的理想“进步”。我感觉，只在国内纵向比较、自说自话，是很难看清这种差距的；只有当与外部世界广泛对照，尤其与欧洲这样的发达区域进行比较鉴别，方会知晓改进的具体方向。

四、国际规范的制定者

上面的讨论给出启示，欧洲人的国际角色，是一种基于现代文明之上自身规范的输出和自有体系的扩展。从国际关系的发展进程考察，这种作用相当精细而有效。

事实上，欧洲人在国际事务中最重要的作用，是自觉和竭力充当国际规范的起草人、宣讲者和推广机器的角色。比起军事的保护或干涉、经贸的输出或制裁、传媒的赞美或谴责，“规范性权力”（normative power）更是一种神重于形、内力发散多于外部强制、巧妙糅合了输出方优势的力量；借用约瑟夫·奈的说法，它是“硬实力”加“软实力”形成的“巧实力”（smart power）。从当代国际体系观察，任何民族、国家，尤其是大国、强国都拥有这样那样不同的硬实力或软实力，如美国强大的航母编队，以色列超群的军事技能，日本发达的电玩和动漫制作，韩国传播甚广的电视剧和美容术，中国独步天下的医术和烹调，但很少有哪个国家和地区享有欧洲那样均衡全面的国际规范力量。美国虽坐拥发达的军事工业综合体和教育科研体系，但由于众所周知的原因，在许多国际事件及场合，这个超级大国过分迷恋物质能力特别是军事力量，忽略外交及其他软因素，轻视联合国和多边机制的作用，无视中小国家和非国家行为体的声音，很容易陷入失道寡助的困境。当然，美国也有创建全球体系、运作多边机制、制定国际规则的强大能力，但“山姆大叔”对军事、科技等硬实力的重视，明显强于对规范力、话语权等软实力的器重。欧洲人则不同，他们有更好的历史知识和文化修养，其社会宽容性和色彩丰富性都胜过美国，在对外干预时深谙“倡导”、“激励”而非“强迫”、“压服”的道理，在国际规则的制定、应用方面，已形成一整套的经验和做法。也许正由于欧洲人的军事和科技硬实力无法超越美国，甚至无法与一些新兴大国抗衡，他们更加看重设计、制订、引导国际规范的本事。

在当代国际关系里，欧洲与美国是当今以联合国为代表的国际组织体系的主要缔造方，是各种国际军控和裁军条约、国际贸易与反倾销条文、国际人权与政治权利公约的关键诠释者。另一方面，由于有着不同于美国和日本的特殊历史经历，欧洲发达国家的公众、知识分子和政治人物相对而言更加注重对极端民族主义、法西斯主义教训的反思，更加注重自身价值与追求同国际法准则的对接，更加注重诸如保护民主和人权、反对死刑和酷刑、消除绝对贫困和悬殊收入差距、绿色环保和可持续发展理念等规范的实现；欧洲“重社会、轻军事”的政府预算结构与美国有大的不同，欧洲的社会思潮和工会运动远比大西洋另一端活跃，欧洲无论左派右派还是中间势力都有自己的政治表达机会和意识形态影响，欧洲的多元化和社会弹性对一些争取高品质发展的新兴国家颇有吸引力。

历史上，欧洲曾经是全球范围逐步兴起的宗教改革运动、文艺复兴运动、现代思想启蒙运动的发源地；今天，欧洲人依然是全球多边主义、自由贸易、绿色发展、反建造大坝运动、《禁止全面杀伤性地雷公约》、防止小武器滥售、新一期全球气候制度等新国际规范及进程的倡导者和推动者。我国的媒体比较多地报道德国、法国、英国、意大利等欧洲大国的外交业绩，其实欧洲很多小国也有不俗的国际介入方式。例如，像瑞士这样的欧洲小国，不仅有享誉世界的手表和巧克力制作工艺，驻扎有全球相对数量最多的国际组织总部，还创设了有“小联合国”之称、影响日增的达沃斯世界经济论坛；不管有怎样的争议，瑞典、挪威设立的诺贝尔奖，成为当代世界最有声望和影响的一类奖项；北欧整体上也是为联合国提供维持和平经费、为非洲提供人道主义援助、为中东和亚洲冲突战乱地区提供各种调解①相对数量最多的一个欧洲次级区域。在不同国际规范领域的多层次、多手段介入，使得欧洲长期占据着当代全球政治外交舞台的要角位置。与美国式霸权的强权逻辑与外表特征很

① 典型事例有关于中东和平的“奥斯陆进程”、有关斯里兰卡及印尼政治和解进程的北欧国家斡旋等。

不一样，欧洲经常被视为和被说成是“温和的力量”(gentle power)。[①] 这种力量带来的更多是“不战而屈人之兵”或者说“润物细无声”的成效。

有关欧洲规范能力的介绍提醒我们，对于包括中国在内的很多新兴大国来说，追赶西方硬实力的时间可以预期，但成长为国际规范制定者的前景肯定久得多。首先，作为一个发展中国家，中国至今依然是一个国内议程与事务占压倒性优势的大国，方方面面对外部的关注及利害关系虽比改革开放之前增加了许多，但并未改变决策日程优先考虑内部事务的状况。其次，作为一个体系大国，中国的幅员、人员、资源、语言等条件使中国有天然的优势，这种好处亦带来了许多民众与官员不太关心他国局势、不愿付出过多代价介入外部危机的另一面。与欧洲国家相比，实事求是地讲，中国人的全球视野和“国际主义”尚处于初级水平。与上面的特点一致，再次，中国人参与和驾驭国际组织的能力，大大落后于欧洲国家尤其是西欧老牌资本主义强国。由于各方面的原因，我国的国际公务员人数、高管人数、投票权和动议次数，相对而言，不仅少于欧美日传统西方发达国家，

① 〔意〕马里奥·泰洛：《国际关系理论：欧洲视角》，第177页。

甚至不如韩国、印度、墨西哥、巴西等新兴国家。

再说一个事例：2008年以来，世界普遍遭遇了严重经济危机，一种始于华尔街金融危机的全球经济动荡与低迷局面，到现在也不能说它得到了根本缓解和强劲复苏。在欧美日区域普遍乏力、自身难保的形势下，世界对新兴国家的发力和带动有更多的期待，世人也因而见证了八国集团（G8）的颓势和二十国集团（G20）的诞生。按说，新兴国家在这个新的国际金融和经济平台上理应发挥积极作用，使之为预警国际金融危机、加强国际金融监管做出贡献。但遗憾的是，在过去近五年间召开的七次二十国集团峰会中，五次在欧美国家（其中美国两次，英国、法国、加拿大各一次）举办，只有两次放在非欧美国家（分别是韩国和墨西哥），中国、印度这样首屈一指的新兴大国始终无缘成为东道主，失去介入国际金融体制改革和增强自身话语权的良机。不仅如此，还有更加严峻的一面：据我的观察，有相当多的国家对于中国在国际规范制定和推广上的角色存在误解和疑惑，认为中国政府抵制某些普世价值及其制度安排，不愿意承担诸如维护人权、推进环保、反对酷刑、禁止地雷使用等领域的公约或国际规范所规定的义务。往深处透视，习惯了现有国际体系及其观念的这些批评者，实际上是对中国的政治制度和意识形态心存疑虑，担心红色中国强大后重新输出革命，恐惧13亿中国人再度用斗争和造反的态度对待实力渐弱的其他国家。毕竟我们国家新阶段主动介入国际事务的时间不过是最近的二三十年，担忧是不难解释的。什么时候中国能成为世界公认的“规范性权力”？没有人能看清楚，只能让历史来证明。无论如何，国际规范问题，既有技术层面，也有器物层面，还有观念和做法层面；适应和掌握它们，对于中国人而言，是一个复杂而长期过程。

五、观念创新的大机器

率先进入现代化进程和缔造国际性体系的欧洲，不仅在全球军事/政治领域实施强权，在全球经济/贸易领域推进市场，在全球社会/文化领域普及“文明”，在全球制度/法律领域建章立制，而且，这个在全球化道路上“先知先觉”、擅长“下指导棋”的欧洲巨人，同时具有现代启蒙者和观念缔造者的强烈意识，在全球思想/理论领域大力创新，提出了无数引领风气的概念与学说。可以说，在当代国际关系范围内，欧洲与美国一道，最擅长观念创新和掌握话语权的力量（conceptual power）。欧洲地区作为概念创新机器的能量与持续性，与欧洲主要语言（如英语、法语、西班牙语）的广泛使用有关，同欧洲早期海外开拓及殖民的历史不可分割，也根植于欧洲的政治人物、专家学者和媒体公众的欧洲中心主义及其文化自觉。

近代国际关系中，众所周知，法国人布丹最早发明了“主权”（sovereignty）一词，它成为近代国际体系（也称“威斯特伐利亚体系”）的核心概念。随着欧洲逐步占据世界政治的中心舞台，几百年间，欧洲人提出的各种“主义”和学说开始大行其道，如“改良主义”、“社会进化主义”、“社会主义”、“共产主义”、“社会民主主义”、“无政府主义”、“工团主义”、“重商主义”、“市场与经济自由主义”（斯密称之为“看不见的手”），以及“边际效用说”、“比较成本说”、“国家干预说”（凯恩斯所谓的“看得见的手”）、“创造性破坏和资本主义周期进化说”（熊彼特的术语），乃至晚近更加激进和形形色色的马克思主义流派、革命的列宁主义学说、“专制的”斯大林主义体系，还有引发世界大战的意大利的法西斯主义、德国的纳粹主义等，其种类繁多，实难以言尽。它们或带来全新的进步气象，或毒化了国家间关系，或催生了大批的新产业，或推翻了大量旧政权……不管有什么不同，这些“主义”和学说都越出了欧洲的自然地理范畴，外溢至世界各个角落，造成各种反响与冲击波，带来国际体系的演进和质变。从历史上看，世界上没有任何国家或地区（包括鼎盛期的美国和苏联），产生出如此繁多的“主义”，拥有如此持续的造词能量。

这里列举一些事例，看看欧洲人在当代概念创新及影响世界方面的实力：

- 在发展学说方面，著名的“罗马俱乐部”（Rome Club）早在20世纪60年代后期就提出的《增长的极限》与《人类处在转折点》等多份报告，第一次发出对现行资本主义增长模式的强烈警讯，成为90年代初期联合国千年议程和推广“可持续发展”理念的重要基石。无独有偶，“气候难民”概念亦来自欧洲特别是德国的几大智库。

- 在国际关系学派方面，“英国学派”是美国重心之外当代世界唯一完备且有代际特点的理论学派，其对国际关系中的法理、公正、秩序的研究，具有广泛深刻的影响力。这方面，英国学派与美国主流的战略和安全研究、威慑与博弈理论非常不同，前者具有历史社会学的深厚背景和政治哲学的潜移默化，而后者基础更多来自于国家中心思想驱动的系统工程理论。

- 在地区一体化思想方面，欧洲人早期有联邦主义、功能主义、泛欧主义及普世主义的人权理论，晚近的有新联邦主义、新多边主义、新功能主义和新主权说等理论。考虑到联合国及各种国际组织的深刻影响和强烈需求，欧洲的这些理论学说远比美国和其他地区的论述更加好用和适合。
- 在国际政治经济学（IPE）方面，英国著名学者苏珊·斯特兰奇（Susan Strange）对于“关系性权力”、“结构性权力”等概念的分析以及对“政治”等范畴的再诠释①，打破了美国人（如吉尔平等人的美式IPE）的垄断地位，大大拓展了这个分支学科的视野。
- 在安全理论的最新建构上，有英国人巴里·布赞（Barry Buzan）有关“安全复合理论”② 的思想，有瑞典学者约翰·加尔通（Johan Galtung）倡导的

---

① 〔英〕苏珊·斯特兰奇：《国家与市场》，杨宇光等译，上海人民出版社2006年版。

② 〔英〕巴里·布赞、奥利·维夫：《新安全论》，朱宁译，浙江人民出版社2003年版。

"和平学"[1]，有"哥本哈根学派"（Copenhagen School）对于国际安全范畴演化过程的独特探索，有和平与冲突研究领域所谓"北欧模式"，等等，它们从不同角度为丰富国际安全与和平思想理论做出了贡献。

- 在外交政策方面，欧洲联盟是冷战结束后世界大国和国家集团中首先提出"战略伙伴关系"概念及框架的地区。从建立与俄罗斯的战略伙伴关系开始，冷战结束以来的20年间欧盟已建立起了10余个全球性战略对话伙伴关系和渠道。[2] 包括中国在内，很多大国都在仿效和借鉴欧盟的这一做法。
- 在全球热点解决方面，典型如关于中东和平的"奥斯陆进程"，代表着北欧国家在主要热点区域斡旋、调解的重要努力。按照比例来讲，北欧是世界上人均捐献国际和平费用最多、倡导和平与调停冲突的贡献最多、最持久的一个区域。
- 在周边策略方面，瑞典智库"斯德哥尔摩国际和平

① 〔挪〕约翰·加尔通：《和平论》，陈祖洲等译，南京出版社2010年版。

② 托马斯·雷纳德：《战略的背叛：呼吁真正的欧盟战略伙伴关系》，《欧洲研究》2011年第5期，第13页。

研究所”（SIPRI），最早提出重建北非及中东地区的所谓“发展—民主联动战略”，并且使这一倡议得到了欧洲主要国家及欧盟的采纳；SIPRI 常年定期出版的《国际和平年鉴》，是全球裁军、军控和地区冲突领域最有权威性和影响力的一份作品。

- 瑞士“达沃斯世界经济论坛”，从 20 世纪 70 年代初创建至今，对于各国决策层和智库产生了广泛的影响，现在它更在中国、韩国、印度、土耳其建立了达沃斯各个区域论坛。它发布的《世界经济展望年度报告》，也以其严谨细密的风格，成为衡量各国竞争力和全球经济形势的一个参照文本。
- 欧洲的国际关系理论一向具有独特而扎实的根基。早期诞生了爱德华·卡尔（Edward Carr）和雷蒙·阿隆（Raymond Aron）等思想家，在 20 世纪后期激发出后来在美国和其他地区大放异彩的建构主义理论；康德哲学更是新国际制度主义、相互依存理论及永久和平论等学说的主要源头。

我们国家在当代国际政治、安全和外交思想理念方面亦有独特的贡献。众所周知，譬如说，在中国内战和革命年代，毛泽东一代革命者在实践中创立的游击战学说，曾在 20 世纪中后期亚非拉民族的解放和反帝斗争中

2011 年夏季的达沃斯论坛

资料来源：http://www.jfdaily.com/a/2312014.htm。

广泛传播；20 世纪 50 年代，中国与印度、缅甸等国共同倡导的“和平共处五项原则”，成为当代国际关系中的重要原则；毛泽东在 70 年代前后提出的“三个世界”思想，曾发挥过巨大的国际影响；邓小平为从英国人手中收回香港提出的“一国两制”设想，不仅打破了中英两国一度僵持的局面，更为国际范围解决类似难题开辟了新空间；世纪之交前后，江泽民曾倡导“互信、互利、平等、合作”的新安全观；胡锦涛这一代中国领导人提出了建设“和谐世界”、实现中国“和平崛起”的理念……如此等等，不一而足。

与欧洲在整体上相比，当代中国对于外部世界的这类思想贡献总体上数量较少，多半带有东方人的哲学思辨色彩，更加宏大高远，重道义而轻实利，抽象有余但操作性较弱。另外一个问题是，中国的贡献主要来自政治领导人，而学者、大学和媒体的独特创造似乎极少，至少被国际承认的微乎其微。这里主要是与欧洲国家同行做出的那些广泛公认的理论学说及学派流派对比而言。尽管中国研究机构和大学的数量多得多，研究人员和教师队伍在规模上远远超出欧洲任何一个国家，仔细思索一下，中国有没有能与达沃斯论坛影响力比肩的论坛？中国诸多智库有没有写出像 SIPRI 年鉴那样有公信力和被大量引征的报告？中国国际关系理论和外交学界有没有创造“英国学派”或“北欧学派”那样的流派？中国学者中有没有像爱德华·卡尔、雷蒙·阿隆、苏珊·斯特兰奇、巴里·布赞那样的世界级理论大家？我想，答案恐怕不会理想。

寻找这其中的原因时，不能仅是强调西方国家的排斥，也不能只看到英语、法语相对于汉语之国际传播过程的垄断地位，这不仅仅是发现中国总体上国际化程度不够、中国人对国际环境不熟悉尤其是“先手棋”意识不强的问题，虽然这些因素毫无疑问是大量的、有形的、起作用的，还应承认中国的国际问题研究队伍起步较晚，处于思想理论发育的“初级阶段”；承认我们在“国家/社会关系”上的某些不恰当权重，导致政治人物可以有自己的思想创造和国际贡献，而学者、研究人员和普通公民难以形出不同流派及理论创新；承认中国博大精深的优良文化思想传统尚未完成创造性转化、古为今用的过程，看到妨碍这一过程的各种因素。总之，须承认国内还存在需要改革的诸多弊端。内外两方面的因素结合起来考虑，我们对于借鉴和超越欧洲的问题，就能比较均衡，做到心中有数。中国是拥有悠久的历史和文明传统的国家，中华民族是勤劳而智慧的伟大民族，只要朝着正确的方向前进，给定现有时代环境并假以时日，我们国家终究会成为善于观念创新和掌握国际话语权的大国，中国巨人的成长也就有了一个比较完整的故事。

2013年3月，笔者到位于比利时的欧盟总部参加“布鲁塞尔论坛”，在这个近年来逐渐发生影响的国际高层智库会议上，见证了中国议题的热络和国外人士对中国学者说法的不解。举例来讲，在一场关于新兴国家与欧美关系的专题会上，人们大部分时间围绕怎样看待中国在全球的投资布局及政府策略展开。一位知名的中国教授提出，中国目前并不存在严格意义上的“战略”，但在场的几乎所有人，包括主持人、同组外国学者官员（来自巴西、非盟和俄罗斯）和提问的听众（主要是欧美

智库和官员），均不赞同他的意见。反对者列举了不同事例，如中国政府对企业和个人进军非洲矿业和能源领域的支持，对巴西市场的“抢占”和政府间大量协议的签署等，说明存在“能源战略”、“市场战略”、“补贴国企战略”之类。我与这位中国学者相熟，懂得且大体赞成他的意思，即中国尚未发展出各个部门、各层次有共识和相互协调的、具体步骤与总体方针一致的、有轻重缓急又面向长远的“大战略”。然而，看到眼前的一幕，真能痛感国际主流舆论对中国形象的定格（这其中不乏偏见与误解），以及我方学者解说语言及方式的苍白乏力（既有使用英语表达中国意涵的困难，也有我们对外宣示范式的固有缺失）。在过去的25年间，我去过近50个国家，一个逐渐增强的印象是：随着中国经济的快速崛起，中国的国际话语权的缺失成了越来越突出的问题。这是中国处在国际经济舞台边缘、国内温饱问题没有得到解决之前很难感受到的，它是中国巨人成长的一大烦恼。

六、区域一体化示范者

最后应提到欧洲联盟作为一个整体的示范效应，这也是欧洲人国际形象和作用的重要侧面，是欧洲不同于任何其他大洲的典型之处，是欧洲国家实施各式国际干涉行为的一个依托与枢纽。欧洲人之所以有很强的国际干涉欲望，很大程度上与他们对于“欧洲”范畴之整体性和向心力的自信不可分割，同他们对于欧盟作为世界上比较先进和成熟的区域一体化形态的认知紧密相连。不论外部对于欧盟的干预有何非议，也不管欧洲一体化进程存在怎样的曲折，必须承认，多数欧洲国家对于欧盟作为一种区域整体的力量，保持着强烈的信心并做出了持续的推动。从最初的欧洲煤钢联营，到后来的欧洲共同体，再到今天的欧洲联盟，从少数精英的理念设计，到核心国家的启动，直至成员国的扩展，欧盟的制度化进程向世界其他地区展示了它的独特性和吸引力。

召开中的欧盟会议

资料来源：http://uutuu.com。

第　，与古代历史上的东方朝贡体系、近代国际关系中的殖民主义帝国主义体系、苏联时期华沙条约组织和经济互助委员会、英联邦组织等有广泛记载并产生重大影响的区域体系或国家联盟形态截然不同，欧洲联盟是建立在成员国自愿加入和平等合作基础上的现代区域一体化方式。同时，在尊重各国主权的前提下，在欧盟理事会、欧洲议会和各成员国原有决策机制之间，建立起复杂制衡又能发挥各层次作用的特殊安排。① 欧盟框架下这种新的主权形态是对帝国权势的否定和对传统主权观的丰富，适应了大小不同的各个国家的需求。在当代世界各个大洲、各个地理区段、各种文明下面，“欧洲”率先发展成自我意识最为明确、认同感相对较强、区内国家整合效果得到公认的区域政治地理范畴。

第二，欧洲联盟建立几十年来的重大成就之一，是通过追求民主、人权与和平的价值，辅佐各种制度性保障与教育，实现了对传统欧洲列强野蛮争斗逻辑的否定，保证了欧盟内部成员不再以武力或武力威胁方式解决彼此间争端，从而使这一地区成为世界上唯一制度化保证的不开战区域。欧洲人自己称之为“民主和平”，我相信它更是一种精细复杂的制度和规范逐渐约束而成的和平

---

① 〔美〕安德鲁·莫劳夫奇克：《欧洲的抉择——社会目标和政府权力》，赵晨、陈志瑞译，社会科学文献出版社 2008 年版，可特别参考第七章“欧洲一体化展望”，第 634—672 页。

状态，其中既有各国内部民主体制和人道价值的作用，也有欧盟针对历史教训而精心设计和稳健发展的制度成效。考虑到欧洲历史上不计其数的野蛮征伐，以及由它肇始的两次世界大战，欧洲团结的这个标志性成就具有相当的说服力，对于仍然无法排除地区内部战争纷扰的世界其他地区产生了强烈的吸引力。

第三，欧洲一体化的“共享政治”和公共领域，给社会力量的参与提供了广阔空间。欧盟内外政策的一个显著特点是，政府和议会不能垄断议事和决策过程；相反，商业集团、文化团体、知识分子、宗教组织、社会运动、游说机构以及各种跨国因素都有自己的存在与介入。如果同其他政治和经济区域联合体相比（如东盟、非盟、北美自贸区或独联体），欧盟的国家及政治领导人的决定力相对较低，而社会参与程度相对最高。欧盟既是霍布斯哲学意义上的传统国家联盟，也是卢梭哲学意义上的跨国社会契约，还是康德哲学意义上的和平合作共同体——世界上还没有任何区域形态同时具备这三个特征。正如马里奥·泰洛教授（Mario Telo）所指出的：

> 欧盟具有其独特的权力能力，政治军事方面的权力在欧盟的世界角色中只发挥了边缘性的作用。欧盟国际影响力的灵魂和核心，是其内部的

> 社会经济现实；这一点扎根于它的共同政策（竞争政策、共同市场政策、农业政策和商业政策等），及其通过多个合作协议与邻国和遥远的伙伴发展联系的方式之中。①

第四，作为世界力量的一极，欧盟的存在也对传统的大国及其权势观念提出了质疑。欧盟及其主要大国的军事实力仍然强大，只是它不像美国那样隶属于军工复合体和大资本，而是受制于广泛的政治、社会、经济、文化因素。欧盟拥有自己的快速反应部队，以欧盟名义派遣了军队、警察和军事观察团执行联合国维和使命，欧盟海军同时是欧洲周边水域和东非打击海盗的重要力量，当然这些离不开成员国尤其是英、法、德、意等欧洲诸强的支持，而后者还经常不得不配合美国的全球军事战略（如北约在阿富汗的存在）。欧盟各国军费开支总体呈现缓慢而持续下降的趋势，这一切又与欧盟安全与防务政策，包括反恐战略和诸如应对北非中东动荡的行动方案结合在一起，形成外交先于军事、软实力重于硬实力、规范作用大于强制效力的当代欧洲权势——一种具有进步动态但同时存在不确定性的国际权力。

① 〔意〕马里奥·泰洛：《国际关系理论：欧洲视角》，第180页。

第五，欧盟的示范作用，很像是一种探索性、前沿性的“制度实验室”。世界不同地区在观察它的一步步变革，借鉴它艰难行进却指向明确的一体化深度扩展。除开过去熟悉的完备的福利保障制度、发达的民主制度、富裕安宁的生活之外，欧洲联盟让人们见识了更多：既让外部看到它的新颖成就，如社会的有效参与和国家的良性再造、非战争方式解决内部分歧、经贸一体化的积极“外溢”、不断增强的集体认同感等，也让外界看到它的复杂矛盾，如欧盟扩大后的效率不尽如人意、货币指标与财政手段的不对接、对待本国公民和新移民的微妙差别、共同宣言与实际战略的不连贯、对内的多数民主政治法则与对外的强权政治逻辑不时的相互对冲等等。长期来看，欧盟的存在和发展，对于新的主权观、公民身份、多边主义、决策过程、民主改革及内政外交分野等重大议题，均提出了自己的设计、尝试和修正，提供了有世界历史意义的样本、经验和教训。不管从什么角度观察，欧盟都像是一个位处前沿、不断投入新方案和新要素的试验场地①，为全球各地的区域一体化做出了示范。

在推动本地区一体化方面，中国与欧洲整体的差距

---

① 〔美〕霍华德·威亚尔达：《全球化时代的欧洲政治》，陈玉刚等译，北京大学出版社 2010 年版，第 17 页。

不小。由于各方面的原因，现在的中国，多少有点像一个快速壮大但“孤独的巨人”：首先，现有国际体系仍然是由欧美资本主义国家主导建立和支配的，中国作为一个社会主义国家，很难完全融入这一体系，至少不会被看成是一个起领导作用的成员。其次，改革开放之后，中国转变传统的革命目标和作为方式，逐步与世界主流对接，但是迄今为止这种对接更多地体现在经济、贸易、金融、能源等领域，而在政治、军事、安全、文化、价值观等层面则依然摩擦不断，磨合过程曲折艰难。这些状况多少约束了中国的整合能力。再次，就中国所处的亚洲—太平洋地区而言，这一区域远比欧洲（包括新老欧洲在内）多样且对立，存在大相径庭的不同政治制度、

博鳌论坛会址前各国旗帜飘扬

资料来源：http://www.wanquanriver.org/cn/article.asp?bartitles=%u666f%u70b9%u666f%u533a&newsid=19779。

社会文化、价值观念和生活方式，因而任何国家若想引导亚太地区的进步或维护它的安全稳定，都是不易的事

情。中国作为国际社会的新兴大国，作为国际体系的后来者和适应者，处在学习与适应的初级阶段，因而整体上还说不上是地区一体化的带动者或整合者。在中国的周边，还存在冷战时代的遗产（如朝鲜半岛），存在根深蒂固的历史恩怨（如南亚次大陆），存在微妙棘手的宗教教派冲突（如阿富汗和中亚一带），存在由于联合国海洋法公约发酵造成的多国海洋主权纠纷（如东北亚和东南亚），总之存在着其他地区不具有的多重矛盾与冲突基因。中国目前采取的属于某种“撞击反射”式的区域策略，里面既有建立睦邻友好的尝试和探索，也不乏维护现状、避免出事的心态，但真正长期的地区战略和系统配套的手段乏善可陈。往未来看，理论上讲，中国作为本地区的最大国家，也是经济成长最快、综合实力最雄厚的国家，有一切理由借鉴学习德国、法国等欧盟主导国的经验，为建立符合本地区多数国家需求和特点的区域架构，为实现开放进步和富有活力“亚洲人的亚洲”目标，做出重要的贡献。

小结：他山之石

概括而言，欧洲人在国际关系里的国际角色特别是干涉行为，并非单一现象，而是复合式的，即“传统霸权国家”、“经济扩张力量”、“现代文明传播者”、“全球规范制定方”、“国际话语权制定者”和“区域一体化示范地”六个侧面的集成。

（1）它折射出欧洲国家固有的传统军事/政治列强基因。尽管时代变迁导致欧洲人用武的频率下降，欧洲总体而言仍然是使用军事频率仅次于美国的国家武力集团。当代的多数时候和场合，欧洲确实把政治外交解决方式置于武力手段之前，但绝不是说放弃使用武力和武力威慑；在需要的时候，欧洲巨人马上显露出其祖传的某种可怕面相，像它近期对利比亚的军事干涉表现的那样。

（2）它始终包含着经济利益和市场逐利的动机。作为全球最早的工业园区和成熟的市场经济，欧洲一向看重它在世界的经济利益，善于用各种手段保障和推进这些利益。不管如何粉饰，欧洲国际战略和外交活动的中心目标之一，是使欧洲国家保持其在国际贸易、金融、能源和市场等领域的优势地位，以及欧洲人较高的和稳定的生活水准。

（3）它代表着一种向全世界传播现代制度文明的无形力量。在欧洲近代几百年的进程中，启蒙运动、宗教改革和文艺复兴等等革新，率先培育了人权、民主、法治、自由之类现代文明范畴的观念，进而外溢至世界不同角落。这一过程无疑带有进步意义，体现了欧洲人的伟大贡献，但欧洲国家常常令推广的过程带有“欧洲中心论”的色调。

（4）在国际关系和外交场景里，它特别表现为国际规范制定者和推动者的重要角色。与美国看重军事、安全、战略等器物或硬实力的规则制定有所不同，欧洲人更加注意在贸易、环保、公民权利和落实法制等方面的规范塑造。故在国际社会的很多中小成员内心里，欧洲的“软实力”更有特色和吸引力。

（5）与此相关，它还具象为实际的话语权和概念的创新力。近代以降，欧洲人这方面的能力无与伦比，从无数有世界后果及影响的“主义”，到当代层出不穷、新颖别致的学派和理论，都留有他们的手笔与印记。重要的是，欧洲人既有掌握多种国际语言的优势，更有独立于任何大国与强者的文化自觉（包括优越感）。

（6）它最显著的特征或许在于欧盟的区域一体化示范作用。作为全球最早也最成形的地区共同体，欧盟集合了上述军事、政治、经济、贸易、社会、文化的多种优势，形成嫁接主权国家、公民社会、跨国力量网络和区域治理平台等要素的特殊而强大的国际行为体，既为欧洲各国及国民创造了发展先机，也使这一地区在当代国际体系中发挥日益增大的影响，赢得“全球最为先锋的实验室”的称号。动态、立体、均衡地把握所有这些侧面，人们才有可能全面深入地把脉欧洲人的全球角色。

了解欧洲人的干涉情结，不光要分析一般意义上的国际安全、贸易和外交过程，还要对“政治文化”现象做出说明。单纯的、单一层次的观察，可能误导出与事实或趋势不符的结论。比如，单从近年来军费开支的升降和航母的数量增减观察，人们可能认为欧洲（包括英、法、德、意等主要欧洲大国）越来越没有能力干预国际安全事态特别是危急情势；学究式地列举一大堆统计报表和财政金融数据，加上“投入—产出”公式的计算和各种资源评估，大众媒体及读者也许以为21世纪将“继续见证”欧洲无法挽回的衰落与非西方新兴大国命中注定的崛起和取而代之；单向度和情绪化的解说，容易让听众甚至解说者自己既对欧洲权贵表面堂皇实则阴谋的战略图谋视而不见，又无法真正理解欧洲近当代文明的进步意义和扩张必然，分辨不清欧洲人“自由”、“民主”、“人权”说教的表面与实质。最令人担忧的是，由于过分简单判定甚至完全错误地盘算当代欧洲的力量和弱点，欧洲以外的各种力量（不管是超级大国还是新兴国家乃至非国家的极端势力），可能用鲁莽或完全不必要的方式，对冲欧洲的国际干涉主义，给自身以及世界带来诸多麻烦。就中国学界而言，一种不利的潜在后果是，在更多关注欧洲、转向这一地区、确定新对策的过程中，被欧洲生动复杂的语汇和学说所吸引、所诱导，一而再、再而三地引进或抵制的同时，始终缺乏中国人应有的文化自觉，始终无法建设我们自己真正独立且有包容力的理论学说。

在新的时代背景下，中国需要创造性地介入世界，也可以从欧洲那里发现某些启示。在我看来，不管承认与否、喜欢与否，欧洲过去是、现在是、新世纪将继续是国际体系不可忽略的“一极”，是全球化新阶段持续的一大动力源。它对于中国的压力和榜样作用同样重要。不妨说，欧洲人扮演的全球角色，是中国和平发展、推动自身进步的参照系，是我们在国际磨合与协调过程中实现历史性崛起的一块试金石。

后 记

《创造性介入：中国外交新取向》在前年出版后，获得了出乎我意料的积极反响。来自不同方向的建议或批评，促使我产生了写作第二部《创造性介入》的愿望。读者手上的这本小书，不是第一部的简单补充，而是对原有主题的深化。交稿之际，本人要感谢有关“创造性介入”的各种评论和建议，感谢北京大学出版社及耿协峰、张盈盈等编辑朋友的支持，感谢我的博士生黄立志在本书插图方面的协助。

作者

2013年春于北大朗润园住宅